Semi Meyer

Der Schmerz

Eine Untersuchung der psychologischen und physiologischen

Bedingungen des Schmerzvorganges

bremen
university
press

Semi Meyer

Der Schmerz

Eine Untersuchung der psychologischen und physiologischen Bedingungen des Schmerzvorganges

ISBN/EAN: 9783955622336

Auflage: 1

Erscheinungsjahr: 2013

Erscheinungsort: Bremen, Deutschland

@ Bremen-university-press in Access Verlag GmbH, Fahrenheitstr. 1, 28359 Bremen. Alle Rechte beim Verlag und bei den jeweiligen Lizenzgebern.

DER SCHMERZ

EINE UNTERSUCHUNG

DER

PSYCHOLOGISCHEN UND PHYSIOLOGISCHEN BEDINGUNGEN DES SCHMERZVORGANGES.

VON

DR. MED. SEMI MEYER
IN DANZIG.

WIESBADEN.

VERLAG VON J. F. BERGMANN.

1906.

Inhalts-Übersicht.

Einleitung.

Was Schmerz ist, weiss der Leser. Er weiss es zu meinem Glücke, denn keine Beredsamkeit der Welt wäre imstande es ihm zu sagen, wenn er den bösen Gesellen nicht aus der Erfahrung am eignen Leibe kennte. So wenig einem Blinden klar zu machen oder zu schildern wäre, wie die Sonne uns leuchtet, so wenig wäre es möglich, einem Menschen, der nie den Schmerz gefühlt, eine Beschreibung des eigentlich wesentlichen am Schmerz zu geben, nämlich dessen, was dabei gefühlt wird.

Ja noch mehr! Die meisten Menschen, so viel sie auch vom Schmerz geplagt sein mögen, können sich ihn, so wie er einmal beseitigt ist, nur sehr schlecht wieder vorstellen. Ich bitte den Leser, den Versuch zu machen, sich so gut es irgend geht, den Schmerz vorzustellen, den ein Nadelstich in den Finger verursacht, und dann einmal eine Stecknadel zur Hand zu nehmen und sie dem Finger nur zu nähern. Jetzt wird ganz deutlich fast von jedem schon etwas gefühlt, was noch nicht der eigentliche Schmerz ist, nämlich ein leiser Antrieb, die Hand wegzuziehen. Und nun bitte ich einen kleinen Stich zu wagen. Zwischen dem wirklich gefühlten Schmerz, den der Nadelstich verursacht und der Vorstellung, die wir uns davon zu bilden versucht haben, ist ein Unterschied wie zwischen Tag und Nacht. Noch tut der Stich etwas weh, aber bald wird der Schmerz verschwunden sein und dann ist unsere Vorstellung vom Schmerz genau so mangelhaft wie sie vor dem Versuch war. Also wissen wir, was Schmerz ist, so recht eigentlich, nur so lange wir ihn fühlen und ein Versuch, ihn zu beschreiben, ist natürlich ganz aussichtslos.

Solcher unbeschreibbarer Erscheinungen gibt es nun in der Welt eine ganz bestimmte Klasse. Wir kennen eine Farbe, einen Ton, einen Geruch nur aus eigener Erfahrung, aber auch die Wahrnehmung einer Bewegung können wir kaum beschreiben, auch den Hunger nicht oder das Ekelgefühl und ebensowenig Freude und Leid, die wir fühlen. Vielmehr wenn wir irgend ein Ding in der Welt beschreiben, so führen wir es am letzten Ende nur auf unbeschreibbare Erscheinungen von der Art zurück, wie der Schmerz eine ist. Dieser nicht mehr weiter zerlegbaren Dinge sind wir uns ganz unmittelbar bewusst, sie sind, wie man dieses Verhältnis zu bezeichnen pflegt, unser ursprünglicher und

unmittelbarer Bewusstseinsinhalt. In unserem Bewusstsein ist die blaue
Farbe des Himmels, der Ton der Geige, der Geruch des Veilchens, der
Hunger und der Ekel, Freude und Leid. Ohne Zweifel gehört der Schmerz hierher. Auch er ist unserem
Bewusstsein ganz unmittelbar gegeben. Er ist also eine Bewusstseins-
erscheinung, ein Ereignis, das in unserem Bewusstsein selbst stattfindet.
Er ist nicht eine einfache Erscheinung, sondern ein wirkliches Ereignis,
ein Vorgang von eigenartiger Zusammensetzung, besonderem Beginn,
Dauer und Ausgang. Begann doch der Schmerz, den wir uns vorhin
mit der Nadel zufügten, mit dem Stich ganz plötzlich, dauerte eine
gewisse Zeit und hörte erst sehr viel später auf, als die Nadel entfernt
war. Dazu hat vielleicht manche Versuchsperson die Hand weggezogen
oder zum mindesten musste sie die Neigung, es zu tun, bekämpfen.
Das mag nun eine Folgeerscheinung des Schmerzes gewesen sein, jedenfalls ist aber diese Bewegung so untrennbar mit dem Schmerz verbunden,
dass wir uns ihn gar nicht ohne diese angebliche Wirkung denken
können. Dem Ereignis, das wir Schmerz nennen, gesellt sich, wie wir
sehen werden, eine Flucht- oder Abwehrbewegung ohne Ausnahme zu,
zum mindesten tritt der Antrieb zu einer solchen auf, der nur mit
Mühe gehemmt werden kann. Eine der Hauptaufgaben der folgenden
Erörterungen wird die Untersuchung der Frage sein, in welchem Verhältnis dieser Bewegungsantrieb zum Schmerz steht, ob wirklich hier
ein Verhältnis von Ursache und Wirkung vorliegt.

　　Wir finden zunächst den Schmerz mitten in dem Getriebe der
Bewusstseinsvorgänge, zu deren Eigenart vielleicht keine Eigenschaft
mehr beiträgt, als dass es nur wirkliche Ereignisse, Vorgänge, keine
Zustände sind, aus denen sich diese Seite unseres Lebens zusammensetzt.
Nirgends ist hier ein Ruhepunkt zu finden, es verweben und verflechten
sich Ereignisse ohne Rast und Ruh, unser Bewusstsein ist ein fortwährend es Geschehen. Da ist ein Kommen und Gehen von Empfindungen
und Vorstellungen, ein Auftauchen und Verschwinden von Gefühlen,
ein Aufblitzen von Gedanken, ein Gedränge von Wünschen, die sich
gegenseitig ablösen. In dieses auf und ab greift auch der Schmerz ein,
und wie gewaltsam er einzugreifen pflegt, weiss jeder aus eigner Erfahrung. Er drängt sich vor wie wenige andere Ereignisse unseres
Bewusstseinslebens. Alles kann er verdrängen, er kann so überwältigend
werden, dass er das geordnete Denken völlig aufhebt und alles vergessen
lässt über dem Wunsche, von ihm befreit zu werden.

　　Unter diesen Umständen werden wir schwerlich Aufschlüsse über
das Wesen des Schmerzes erhoffen dürfen, wenn wir ihn etwa aus dem
Gewirr der Bewusstseinsereignisse möglichst loszulösen versuchen wollten,
wenn wir unsere nächste Aufgabe darin sehen wollten, den Schmerz
ganz für sich zu betrachten, ohne die Verbindungen zu berücksichtigen,

in die er hineingehört. Wir müssen vielmehr gerade die Beziehungen aufsuchen, in denen wir den Schmerz antreffen. Für unser Bewusstsein ist er eines der überwältigendsten Ereignisse. Das könnte er nicht sein, wenn er nicht Beziehungen hätte zu anderen Vorgängen darin. Wie könnte er sonst Wirkungen ausüben, die in gar keinem Verhältnis stehen zu den geringfügigen Veranlassungen, die ihn oft auslösen?

Wir werden also zunächst den Schmerz als Bewusstseinsvorgang betrachten, also die Psychologie des Schmerzes erörtern und werden nach Lösung dieser Aufgabe uns der Untersuchung zuwenden, wie weit die Bewusstseinsvorgänge durch die physiologischen und anatomischen Bedingungen des Schmerzes dem Verständnis zu erschliessen sind.

I. Die Psychologie des Schmerzes.

Empfindung und Gefühl.

Die Bedeutung und Stellung des Schmerzes ist durchaus noch nicht klar gestellt. Nennen doch manche Psychologen den Schmerz eine Empfindung, andere ein Gefühl, und soll er nach der Ansicht vieler beides sein, eine mit einem Gefühl verbundene Empfindung. Auf die Unterscheidung und Trennung von Empfindung und Gefühl wird aber in der wissenschaftlichen Psychologie mit Recht so viel Wert gelegt, dass es zunächst unbegreiflich erscheinen muss, dass es eine Bewusstseinserscheinung geben kann, von der anscheinend nicht festzustellen ist, wohin sie gehört. Wir müssen unsere Untersuchung mit dem Versuch beginnen, diese Frage zu lösen.

Die beiden Worte „Empfindung und Gefühl", „empfinden und fühlen" werden in der deutschen Umgangssprache fast gleichbedeutend gebraucht, man sagt, jemand sei gefühlvoll oder empfindsam, er habe Empfindung oder Gefühl, man sagt ebensogut, ich empfinde die Wärme das Licht usw., wie ich fühle sie. Dazu nennt man volkstümlich den Sinn unserer Haut den Gefühlsinn. Nach dieser Ausdrucksweise sind Tast-, Druck-, Wärme- und Kältewahrnehmungen Eindrücke des Gefühlsinns, also wohl auch Gefühle.

Der Leser wissenschaftlicher psychologischer Werke muss diese Ausdrucksweise aufgeben und sich daran gewöhnen, dass die beiden Worte „empfinden und fühlen" jedes in einem ganz bestimmten Sinne gebraucht werden und dass ein Gefühlsinn nicht besteht, sondern verschiedene in der Haut untergebrachte Sinne, ein Tast- und Drucksinn und ein Wärme- und ein Kältesinn, nach einigen Schriftstellern auch ein Schmerzsinn, alles zusammen höchstens mit dem Namen „Hautsinn" zusammenfassbar.

„Empfindung" nennt nun die Psychologie das, was uns unsere Sinne unmittelbar liefern, „Gefühl" dagegen den Eindruck, den eine Empfindung auf uns macht, das erregende und bewegende in unserem Bewusstsein, was auch ohne Sinneseindruck in uns lebendig werden kann. Blau und rot sind z. B. Empfindungen, die Annehmlichkeit, die uns das Blau des Himmels verursacht, ein Gefühl, ebenso wie die Unannehmlichkeit im Anblick des roten Feuers. Eine Empfindung ist der

Ton C und auch die Töne C, E, G sind zusammen eine Empfindung, aber die bekannte Annehmlichkeit ihres Zusammenklangs ist ein Gefühl. Dass Eis kalt ist, empfinden wir, wir fühlen aber, dass uns die Kälte unangenehm ist.

In diesen Beispielen ist die Trennung von Empfindung und Gefühl ziemlich leicht, wenn auch im Bewusstsein beide Bestandteile des Vorgangs vereint angetroffen werden. Es ist unbedingt erforderlich, dass die Begriffsbestimmung, die nach vieler Mühe in der wissenschaftlichen Sprache durchgeführt ist, nun auch beibehalten wird. Wir dürfen also nicht sagen, jemand habe Empfindung und er sei empfindsam, sondern er ist gefühlvoll und hat Gefühl. Wärme, Kälte und Druck empfinden wir. Man kann z. B. empfinden oder wahrnehmen, dass das Badewasser in der Wanne 28° warm ist, man fühlt sich aber darin bei dieser Temperatur behaglich.

Die Gefühle sind also unsere Anteilnahme an den Dingen, das was uns an einer Sache bewegt und berührt. Klar ist es meiner Ansicht nach unter diesen Umständen, dass es eine grosse Anzahl von Empfindungen geben wird, die gar kein Gefühl in uns auslösen, die uns eben gar nicht bewegen, sondern uns vollständig gleichgültig lassen. Wir können uns doch unmöglich von jedem einzigen Eindruck, den wir empfangen, in unserem Gefühl beeinflussen lassen. Das Verhältnis der Empfindung zum Gefühl ist für die weiteren Erörterungen von so grosser Bedeutung, dass wir noch etwas dabei verweilen müssen.

Angenommen ich gehe in bester Stimmung an einem schönen Frühlingstage spazieren und habe weiter nichts im Kopfe, als dass ich mich ergehen und an der Schönheit der Natur erholen und erfreuen will, so wird mein gehobenes Gefühl durch den wohltuenden Anblick der sich verjüngenden Pflanzenwelt oder der leicht bewegten See, die das Himmelsbild in den Wellen aufs reizvollste in Farben zerlegt, vielleicht durch einen leichten Wind, der mir die Bewegung erleichtert, durch den Duft der Erde und durch unzählige unscheinbare Einzelheiten erhöht und gefördert. Dabei wird es aber kaum zu vermeiden sein, dass meine Sinne manchen Eindruck empfangen, der eigentlich geeignet wäre die Harmonie, an der ich mich freue, zu zerstören. Allein alles störende wird übersehen, es macht keinen Eindruck, es beeinflusst das Gefühl nicht. Nun mag ich mich aber etwas weit vom schützenden Dach entfernt haben und es droht ein Unwetter, dann wird von all den Eindrücken, die auf dem Hinwege zur Erhöhung der Stimmung beitrugen, kein einziger mehr ein Gefühl hervorrufen. Die Sinne empfangen dieselben Eindrücke und doch ist der Gefühlzustand ein ganz anderer.

Und dasselbe wäre der Fall gewesen, wenn ich denselben noch so reizvollen Weg beim schönsten Wetter nicht zu meiner Erholung zurücklegte, sondern z. B. um mich von einer zornigen Aufregung zu befreien.

im Wege und man muss es wegzuräumen suchen, um die Handlung, die es verhindern will, zu vollbringen. Eine solche Tat ist nur ausführbar, wenn ein im Augenblick stärkeres Gefühl den Ekel oder Schmerz besiegt. Die Gefühle leiten uns also unmittelbar, wir sind so organisiert, dass wir ihnen folgen müssen und die Frage ist nur, wie uns die Gefühle in Bewegung setzen mögen. Keinesfalls geschieht es durch Belehrung darüber, was uns frommt. Es muss unsere nächste Aufgabe sein, den Zusammenhang zwischen der Handlung und dem Gefühl zu untersuchen.

Gefühl und Trieb.

Wie man in der Physik angesichts der Tatsache, dass z. B. ein Stück Holz im Wasser nach oben steigt, von einem Auftrieb spricht, so kann man auch die Tatsache, dass wir genötigt sind, unseren Körper einem schmerzerregenden Reize zu entziehen, einen Abwehrtrieb und überhaupt den Tatbestand, dass wir irgend etwas zu tun oder zu lassen uns getrieben fühlen, unser Triebleben nennen. Aus gewissen Gründen ist sehr viel daran gelegen, wie der Begriff des Triebes bestimmt wird. Wir dürfen nicht etwa das, was uns drängt oder treibt, etwas zu tun oder zu lassen, einen Trieb nennen, sondern nur die Tatsache, dass wir gedrängt werden, wollen wir den Trieb nennen. Nicht was uns treibt, die Hand dem Nadelstich zu entziehen und zu essen, wenn wir Hunger haben, ist der Trieb, sondern nur die Tatsache, dass wir es tun müssen, kann darunter verstanden werden.

Die Frage, was uns treibt zu handeln, lassen wir vorläufig bei Seite — übrigens kann ich gleich verraten, dass wirs gar nicht wissen —, zunächst konstatieren wir nur recht eindringlich die Tatsache, dass wir wirklich getrieben werden. Wenn ich etwas tun muss, dann werde ich getrieben, so sagt jeder Mensch. Und so können wir auch sagen, ich werde getrieben, meine Hand wegzuziehen, wenn mich jemand sticht, oder stechen will, oder zu essen, wenn ich Hunger habe und aufzuhören, wenn es mich anekelt.

Statt von einem Abwehrtrieb, einem Nahrungstrieb u. s. w. könnte man auch von einem Abwehrwillen u. s. w. sprechen. Nur ist das Wort „Wille" eines der am ärgsten missbrauchten. Der Leser wird nicht ohne weiteres zugeben wollen, dass man sagen kann, ich will die Hand der Nadel entziehen, da ich sie doch auch wegziehen muss, wenn ich gern still halten möchte, in welchem Falle man in der Umgangssprache sagt, ich müsse sie gegen meinen Willen wegziehen. Aber tatsächlich will ich doch zunächst einmal in jedem Falle, wo mich einer sticht oder schlägt, wirklich das Glied wegziehen und es läge weiter keine Schwierigkeit vor, wenn der Vorgang immer ungestört verliefe.

Selbstverständlich ist die Frage, in welchem Verhältnis Empfindung und Gefühl zu einander stehen, mit dieser ersten orientierenden Betrachtung nicht erschöpft. Ich möchte aber von vornherein betonen, dass ich mir die Aufgabe stelle zu zeigen, dass es nicht die Empfindungen sind, mit denen die Gefühle untrennbar zusammenhängen, sondern etwas ganz anderes.

Wäre mit jeder Empfindung untrennbar ein bestimmtes Gefühl verbunden, dann wäre auf die strenge Scheidung der beiden Bestandteile unseres Bewusstseinslebens meines Erachtens nicht der geringste Wert zu legen. Wenn uns der blaue Himmel immer gefiele, der Zucker immer wohl schmeckte, die Stimme der Geliebten stets wohl täte, dann wäre Empfindung und Gefühl ziemlich eins. Da aber den Landmann, der Regen braucht, der blaue Himmel ärgert und dem mit Süssigkeiten überfütterten Kinde der Zucker widerlich ist, und die Stimme des Liebchens, mit der wir uns eben gezankt, den Ärger noch erhöhen kann, so können wir in unserem eigenen Bewusstsein Empfindung und Gefühl auseinanderhalten. Möglich ist das natürlich nur, weil das Gefühl eben nicht ein blosses Anhängsel der Empfindung ist, wozu es viele Psychologen machen wollen.

Das Schmerzgefühl.

Ist nun der Schmerz eine Empfindung oder ein Gefühl? 90 von 100 Unvoreingenommener, denen man die Frage vorlegt, werden glauben, ohne viel Überlegung sagen zu dürfen, er sei ein Gefühl, selbstverständlich ein Gefühl, und die übrigen 10 werden sagen, zum mindesten die Hauptsache daran ist ein Gefühl. Ich selbst bin auch dieser Ansicht und will sie im weiteren begründen. Aber so einfach kann die Sache doch nicht liegen, wie sie auf den ersten Blick erscheint, denn eine grosse Anzahl von Psychologen reihen den Schmerz unter die Empfindungen und von einigen ist sogar ein besonderer Schmerzsinn angenommen worden, ja sogar eine Wahrnehmung wird der Schmerz gelegentlich genannt.

Unter Wahrnehmung versteht man wohl auch in der Umgangssprache etwas mehr als eine Empfindung. Schwarz, weiss und rot sind Empfindungen, eine deutsche Fahne dagegen empfindet man nicht, sondern nimmt man wahr. Danach ist eine Wahrnehmung als eine zeitlich und örtlich bestimmte Empfindung oder ein ebenso bestimmtes Zusammensein mehrerer Empfindungen zu bestimmen. In den Lehrbüchern der Psychologie scheint man beim Gebrauch des Wortes Wahrnehmung auf ihren Gehalt an Gedächtnismaterial im Gegensatz zur einfachen Empfindung Wert zu legen und setzt damit die Wahrnehmung etwa einer Erkennung oder Wiedererkennung gleich. Da wir über

Raum und Zeit selbstverständlich nur durch Erfahrung etwas wissen, so kann ein Wesen ohne Gedächtnis natürlich auch nichts wahrnehmen, sondern nur empfinden. Andererseits ist aber eine Erkennung oder Wiedererkennung doch noch mehr als eine Wahrnehmung, denn vieles kann wahrgenommen werden, was man gar nicht kennt. Wenn es sich nun zeigen sollte, dass der Schmerz in diesem Sinne nicht einmal eine Wahrnehmung ist, wird er es noch viel weniger im Sinne eines Erkennens sein.

Nehmen wir nun wirklich etwas wahr, wenn wir Schmerzen fühlen? Ja empfinden wir auch nur irgend etwas, was wir nicht ohne Schmerz ebenso empfinden? Wenn ich einen Finger der linken Hand mit dem Daumen und Zeigefinger der rechten oder mit einem dazu geeigneten Instrumente zusammendrücke, so empfinde ich zunächst Berührung und weiss die Stelle der Berührung und bei steigender Kraft empfinde ich einen Druck. Wenn ich diesen Druck möglichst vorsichtig ansteigen lasse, dann wird er mir nach einiger Zeit unangenehm. Zu der Sinnesempfindung des Druckes ist jetzt ausser der Empfindung der erhöhten Stärke des Druckes noch etwas hinzugekommen, was mich schon persönlich berührt, die Unannehmlichkeit eines stärkeren Druckes. Nach unseren Begriffsbestimmungen können wir diesen Anteil des Vorgangs natürlich nur ein Gefühl nennen.

Aber ich kann in diesem unangenehmen Gefühl, das sogar höchst lästig werden kann, durchaus noch nichts entdecken, was es etwa als Schmerz zu bezeichnen gestattet, und glaube ich einmal bei dem Versuche einen Augenblick, es könnte schon Schmerz sein, so belehrt mich der wirklich auftretende Schmerz, wenn ich den Druck weiter ansteigen lasse, dass die beiden Bewusstseinsvorgänge himmelweit von einander verschieden sind.

Man stellt den Versuch am besten an, indem man den Finger zwischen zwei Brettchen an ihrem einen Ende einklemmt und am anderen Ende die Brettchen vorsichtig aufeinander drückt, so dass man eine Hebelwirkung erhält. Stellt man den Finger so zwischen die Flächen, dass der Nagel seitlich zusammengepresst wird, so erhält man den Schmerz sehr schnell, drückt man dagegen den Nagel gegen die weiche Unterlage der Fingerkuppe, so bleibt eine längere Zwischenzeit vom unangenehmen Druckgefühl bis zum Auftreten des Schmerzes. Stets tritt Schmerz so plötzlich ein, dass man gar nicht im Zweifel ist, wann er anfängt und meist überrascht bei jedem Versuch der Eintritt des Schmerzes durch die Deutlichkeit, mit der er sich dem Bewusstsein als etwas ganz besonderes aufdrängt, das man mit gar nichts anderem verwechseln kann.

Aus gewissen physiologischen Gründen ist derselbe Versuch mit einer Stecknadel schwieriger ausführbar. Man trifft nämlich an der

Haut mit der Nadel viele Stellen, an denen schon ein leiser Druck mit der Spitze Schmerz erzeugt; besonders an den Ursprungsstellen der kleinen Haare, die fast überall die Haut bedecken, finden sich solche schmerzempfänglichen Punkte. Entfernt man sich von diesen Punkten um etwa 1 mm, so findet man Stellen, an denen sich genau dieselbe Beobachtung anstellen lässt wie bei dem Druck. Störend wirkt aber, dass bei sehr langsamem Einstechen einer feinen Nadel statt des Druckgefühls ein äusserst unangenehmes Jucken auftreten kann.

Ähnlich dem langsam zunehmenden Druck ist die Wirkungsweise der hohen und niederen Temperaturen, die Schmerz erzeugen können. Unsere Ohren frieren uns lange in der unangenehmsten Weise, ehe plötzlich der bekannte stechende Schmerz in ihnen auftritt und ebenso ist es bei ansteigenden Temperaturen. Jedermann weiss übrigens, dass ihn etwas drücken kann, etwa ein Knopf oder eine Falte, ohne dass Schmerz in diesem unangenehmen Eindruck enthalten ist. Aber diese so selbstverständliche Tatsache ist für unsere Frage sehr wichtig. Steckt in dem Schmerz wirklich irgend eine Wahrnehmung, haben wir gefragt? Haben wir in dem Augenblicke, wo zu der Empfindung des Druckes oder des vorsichtigen Stiches oder der Kälte der Schmerz hinzugekommen ist, etwas wahrgenommen oder auch nur empfunden, was wir nicht schon vorher wussten?

Wir fühlen in diesem Augenblicke etwas neues, den Schmerz, aber alles was in dem Eindruck an Empfundenem und Wahrgenommenem steckt, hatten wir doch schon vorher im Bewusstsein. Beim Nadelstich war die Empfindung eines spitzen Körpers und die Wahrnehmung der Stelle, an der eingestochen wurde, vor dem Schmerzeintritt genau so vorhanden, und wenn unsere Aufmerksamkeit auf den Eindruck gerichtet war, genau so deutlich, als nachdem der Stich schmerzhaft geworden. Und erst recht kennen wir, wenn uns die Ohren frieren, die Stelle der Einwirkung und die Art des Reizes gleich gut, ob nun der Frostschmerz eintritt oder nicht.

Ja, aber der Schmerz belehrt uns doch über die Tatsache, dass der Stich so weit in die Tiefe geht oder der Frost so stark wird, dass die Reize schmerzhaft wirken können, wird man einwenden. Darin ist nun zweifellos etwas wahres enthalten. Wir vermeiden die Gelegenheit, uns Schmerzen zuzuziehen, so viel wir können und meist mit ganz gutem Erfolge, wir wissen also, wodurch der Schmerz entstehen kann. Nachdem sich das Kind öfter gestossen hatte, lernt es immer mehr, sich in Acht nehmen. Es ist also zweifellos belehrt worden, und ein Herr meines Bekanntenkreises erzählte mir, dass er jedem seiner Kinder einige Male mit einem Streichholze einen kleinen Schmerz beigebracht habe, um sie zu lehren, dem Feuer aus dem Wege zu gehen. Dass er damit

Erfolg gehabt hat, kann man ihm glauben. Das Kind hat also aus der schmerzhaften Erfahrung eine Lehre gezogen.

Was hat es aber dabei aus dem Schmerz selbst gelernt? Worüber hat der Schmerz als solcher das Kind belehrt? Höchstens darüber, dass der Schmerz unangenehm ist. Dass man etwas unangenehmes meidet, braucht das Kind nicht zu lernen, das tut es von selbst, nur wie man es meidet, muss gelernt werden. Darüber belehrt aber nicht der Schmerz. Die spezielle Erfahrung, dass das Feuer brennt und Schmerz verursachen kann, ist in der Hauptsache die Einprägung einer gewissen Zusammengehörigkeit verschiedener Empfindungen und Gefühle in das Gedächtnis, die Beziehung von Feuer zu Schmerz muss gemerkt werden, damit im Kinde, so wie es wieder Feuer sieht, der frühere belehrende Eindruck wieder auftaucht. Der Anteil des Schmerzes an dem Vorgang, insbesondere an dem Unterschied im Verhalten des Kindes, so lange es die Eigenschaft des Feuers Schmerz zu verursachen nicht kennt und nachdem es die Erfahrung gemacht hat, besteht nicht in der Belehrung, sondern liegt anf einem ganz andern Gebiet. Es ist der Schmerz, der das Kind veranlasst, anders zu handeln, also etwas zu tun oder zu lassen. Ohne das Unangenehme des Schmerzgefühls würde das Kind das Feuer nicht vermeiden. Der Schmerz ist der Eindruck, den das Vorkommnis auf das Kind gemacht hat, das was es erregt und bewegt hat, also nur ein Gefühl. Das Belehren kommt dagegen dem Schmerz als solchem nicht zu, sondern vermöge seiner Fähigkeit zu lernen, die das Kind seinem Gedächtnis verdankt, kann es unterscheiden lernen, welche Eindrücke Schmerz verursachen. Ein Wesen ohne Gedächtnis würde aus dem stärksten Schmerzgefühl nicht die geringste Lehre ziehen können, es würde wohl die Hand dem Feuer, das es schon berührt, entziehen, aber ihm aus dem Wege gehen, würde es nicht lernen.

Ja nicht einmal, dass ein Eindruck unangenehm ist, erfahren wir immer erst aus dem Auftreten des Schmerzgefühls. Wir haben gesehen, dass ein Druck oder eine Temperatur bei allmählicher Zunahme schon unangenehm sein kann, bevor sie schmerzhaft werden. Das was wir als unangenehm bezeichnen, ist natürlich auch ein Gefühl. Es gibt also ein Gefühl, das durch stärkeren, aber noch nicht schmerzhaften Druck, Kälte oder Wärme ausgelöst wird. Auch diese Gefühle erregen und bewegen uns, sie veranlassen uns etwas zu tun oder zu lassen, wie der Schmerz. Erst wenn die Reize eine gewisse Höhe erreichen, tritt an ihre Stelle das viel heftigere Gefühl des Schmerzes. Man nennt die Reizhöhe, die mindestens erforderlich ist, um einen Bewusstseinsvorgang auszulösen, die Reizschwelle. In unserem Versuch hat die niedrigste Reizschwelle die Empfindung der Berührung. Die Schwelle ist aber vorhanden, denn es gibt so schwache Berührungen, dass keine Empfindung dadurch entsteht. Bei einer Steigerung des Reizes tritt die Empfindung des Drucks hinzu. Ihre Schwelle liegt bedeutend höher als die der Berührungsempfindung und erst bei einer weiteren Verstärkung des Reizes folgt ein unangenehmes Druckgefühl, der Druck wird lästig. Noch viel höher aber liegt die Schwelle des Schmerzgefühls.

Die Empfindung der Berührung, des Drucks oder der Temperatur braucht in gewissen Grenzen mit keinerlei Gefühl verbunden zu sein. Wir erhalten über die Stärke des Reizes aus der Stärke des Empfindung allein Auskunft. Aus diesem Bestandteil des Bewusstseinsvorgangs empfangen wir eine unmittelbare Belehrung. Nehmen wir hinzu, dass uns bei jedem Tast- und Druckeindruck der Ort der Einwirkung auch ganz unmittelbar gegeben ist, so sind alle Bestandteile, aus denen sich die Wahrnehmungen unseres Hautsinns zusammensetzen, schon gegeben, wenn die Eindrücke auch nicht von Schmerz begleitet sind. Iu dem Augenblick, wo die Schmerzschwelle erreicht wird, ist nur zu der Wahrnehmung noch etwas hinzugekommen und zwar etwas, was uns persönlich auf das unangenehmste berührt, etwas was uns nie gleichgültig lassen kann, und vor allem etwas, was uns veranlasst Stellung zu nehmen zu dem Reiz, der den Schmerz verursacht, und uns dem schmerzerregenden Reize · zu entziehen, wenn es irgend tunlich ist. Einen Vorgang in unserem Bewusstsein, der diese Eigenschaften hat, nennen wir ein Gefühl. Der Leser wird ein solches jetzt leicht von einer Empfindung unterscheiden können und meine Behauptung, dass der Schmerz ausschliesslich ein Gefühl ist und nie und nimmer eine Empfindung, nachprüfen können. Der Schmerz tritt zu gewissen Empfindungen hinzu. Welches aber das Verhältnis zu diesen Empfindungen ist, mit denen wir den Schmerz stets oder fast stets zusammen antreffen, werden wir noch erörtern.

Ist ein Eindruck sofort schmerzhaft, stossen wir z. B. mit dem Kopf gegen ein Hindernis, oder schneiden wir uns in den Finger, dann fallen die Wahrnehmungen und das Gefühl zeitlich ziemlich vollständig zusammen, nur beginnt der Schmerz bei nicht allzu starken Reizen einen Augenblick später. Ausserdem kann er bekanntlich sehr viel länger anhalten als der Reiz einwirkt. Das geschieht aber nur dann, wenn durch das Vorkommnis eine Schädigung entstanden ist, die den äusseren Reiz überdauert. Ein eben schmerzhafter Zug an den Haaren, der nicht gleich den Zusammenhang der Haarwurzeln lockert, ist nur so lange schmerzhaft als wirklich gezogen wird.

Eine Beziehung und sogar eine innige Verbindung zwischen den Gefühlen und den Empfindungen muss selbstverständlich schon deswegen vorhanden sein, weil wir ohne äussere Eindrücke überhaupt nichts erleben. Nun ist der Schmerz eine der primitiveren Einrichtungen unseres Organismus, eine früh erworbene Funktion, bei der wir den Zusammhang zwischen dem Reiz und allem, was auf ihn folgen kann, in einer ursprünglichen Gestalt erhalten zu finden erwarten dürfen. Bei einfacheren Funktionsverhältnissen gehört zu jedem Reiz nicht nur eine bestimmte Empfindung, sondern auch eine bestimmte Antwort auf den Reiz, die durch ein bestimmtes Gefühl, wenn ein solches schon vorhanden, ist, ausgelöst wird. Je verwickelter aber die Organisation und damit die Reaktionen werden, desto mehr lockert sich der Zusammenhang zwischen Empfindung und Gefühl. Wenn ein Reiz verschieden beantwortet werden soll, dann darf er nicht mehr unter allen Umständen ein und dasselbe Gefühl auslösen.

Beim Schmerz jedoch ist das noch der Fall, nur ist es nicht eine bestimmte Art von Empfindungen, zu denen sich der Schmerz gesellt, vielmehr ist es die Stärke des Reizes, von der er abhängt. Er tritt zu einer bestimmten Klasse von Empfindungen, die bei geringerer Reizhöhe ganz von ihm frei sind, bei einer bestimmten Schwelle plötzlich hinzu. Dass er also selbst eine besondere Art von Empfindung, eine Sinnesqualität sein könnte, daran ist gar nicht zu denken. Eine Beziehung zwischen der Stärke der Empfindungen und den Gefühlen besteht dagegen ganz allgemein in unserm Seelenleben. So ist eine schwache Lösung einer Säure oder eines Bitterstoffes ebenso wohl sauer und bitter wie die stärkste, aber die schwache Lösung kann sehr angenehm schmecken, die starke dagegen den heftigsten Widerwillen erregen. Und fast jede Sache und jede Tätigkeit wird uns zu viel, erregt Unlustgefühle, wenn sie zu heftig oder zu lange andauernd wird. Die Menge und Grösse der Reize ist allein schon imstande, unangenehme Gefühle zu erwecken, ganz abgesehen von der Art der Empfindung. Sich mit guten Dingen satt essen, ist für jedermann eine grosse Annehmlichkeit, aber das Übermaſs im Essen ruft ein ganz neues Gefühl hervor, das des Ekels.

Dieses Gefühl wollen wir einmal mit dem Schmerz vergleichen. Die beiden Gefühle haben in ihrem Ablauf so viel Änlichkeit, dass ich öfter versuchen will, die Fragen, die der Schmerzvorgang stellt, durch den Vergleich mit dem Ekelgefühl einer Klärung zuzuführen. Selbstverständlich ist der Bewusstseinsvorgang beim Ekel nur ein Gefühl. Nach unserer Begriffsbestimmung des Gefühls als desjenigen Anteils an einem zusammengesetzten Bewusstseinsvorgang, der uns persönlich berührt und bewegt, werden wir darüber keinen Augenblick ım Zweifel sein. Überdies wird es für den Ekel auch von niemand bestritten, wie für den Schmerz.

Um nun gleich unsere Frage an dem Vergleichsbeispiel zu klären: Lehrt uns das Ekelgefühl irgend etwas? Ist das Ekeln eine Wahrnehmung? Es ist genau wie beim Schmerz, nur liegen die Verhältnisse klarer. Wir haben ohne das Ekelgefühl ein ganz ausreichendes Empfinden dafür, dass unser Magen voll ist. Und wo das Ekeln aus andern Ursachen auftritt, z. B. weil etwas widerlich riecht, kann die Empfindung und Wahrnehmung wieder ganz gut von dem Gefühl getrennt werden. Dieses tritt bei den verschiedenen Menschen bei sehr wechselnder Reizstärke und in sehr verschiedenem Grade auf. Das Gefühl ist hier ganz deutlich der Anteil des Vorgangs, der eine Handlung oder ihre Unterlassung veranlasst oder in irgend einer Weise mit der Stellungnahme zum Reiz verknüpft ist. Weil wir uns ekeln, hören wir mit dem Essen auf und weisen eine widerliche Speise von vorn herein zurück.

Lernen können wir aus dem Ekelgefühl selbst nichts, der Gefühlsvorgang löst eine Handlung aus oder hemmt sie. Aber nicht erst auf Grund einer Erkenntnis, sondern ganz ursprünglich weisen wir etwas Ekelerregendes ab. Nur aus den Wahrnehmungen lernen wir etwas. Sie geben unserem Bewusstsein ganz unmittelbar Kunde von der Welt und den Dingen in der Welt. Nur aus unseren physiologischen Kenntnissen wissen wir, dass die Empfindungen durch eine Beeinflussung unseres Körpers zustande kommen, unser Bewusstsein nimmt unmittelbar nur die Aussendinge wahr, zu denen allerdings auch unser Körper gehört, so weit er unseren Sinnesorganen zugänglich ist. Dass wir mit den Augen sehen, erschliessen wir „wissenschaftlich" daraus, dass wir nichts sehen, wenn wir sie zumachen. Unmittelbar aber sehen wir die Welt, nicht aber schliesst etwa unser Bewusstsein aus gewissen Veränderungen der Sinnesorgane oder gar des Nervensystems auf die Vorgänge der Aussenwelt.

Es ist ein Unglück für jeden, der sich mit Psychologie befassen will, wenn er jenem gewaltigsten Irrtum aller Zeiten verfällt, dass wir von der Aussenwelt nichts wissen. Wir wissen im Gegenteil unmittelbar nichts von unserer Innenwelt ausser durch unsere Gefühle. Die aber leiten uns nur und belehren uns nicht, während wir aus unseren Wahrnehmungen unmittelbar erfahren, was um uns in der Welt vorgeht. Der Psychologe muss den Fragen, die die Erkenntnistheorie aufgestellt hat, in weitem Bogen aus dem Wege gehen, ihm ist die Welt unmittelbar in seinem Bewusstsein gegeben, und die Frage, die die Psychologie zu lösen hat, lautet: Wie geht es zu, dass wir die Welt sehen und hören, und nicht etwa die Veränderungen erkennen, die durch Licht- oder Schallwellen in unserem Organismus hervorgerufen werden?

Im grössten Gegensatz zu den Empfindungen und Wahrnehmungen sind die Gefühle geradezu blinde Diener unseres Organismus. Sie veranlassen uns zur Stellungnahme gegenüber der Aussenwelt, aber nicht auf Grund irgend einer Belehrung wird dies erreicht, sondern das Gefühl zwingt uns vermöge unserer Organisation zu tun oder zu lassen, was es vorschreibt. Es ist uns angeboren, es liegt in der Natur unserer körperlichen und geistigen Einrichtungen, dass wir den Gefühlen folgen müssen. Wir fragen zunächst gar nicht, wohin sie uns führen. Wir suchen aus ihnen gar keine Belehrung zu gewinnen. Wir sind so organisiert, dass wir für unsere Gefühle leben müssen und uns ihrer Führung anvertrauen, so viel sie uns auch missleiten. Sind sie doch ebenso sehr Diener der Art wie der Person und zwingen uns für die Erhaltung der Art Dinge zu tun, die den Interessen der Person äusserst hinderlich sein können.

Ich meine, es kann davon nicht schwer zu unterscheiden sein, dass wir mit Hülfe unserer höheren Intelligenz imstande sind uns zu merken, welche Aussendinge im allgemeinen geeignet sind, in uns Schmerz oder irgend ein anderes Gefühl zu erzeugen oder zu beseitigen und dass wir oft in der Lage sind, vorbeugend zu handeln. Das treibende bleibt dabei immer der Gefühlsvorgang, gelernt haben wir nur aus unseren Wahrnehmungen. Wir essen, weil wir das Hungerfühl haben, nicht weil wir wissen, dass das Essen zum Leben notwendig ist. Weil das Essen notwendig ist, hat uns die Natur das Hungergefühl ins Leben mitgegeben und ihm folgen wir willig. Weiss ich denn überhaupt, was ich tue, wenn ich etwas Essbares in den Mund stecke, kaue und verschlucke? Zum mindesten brauche ich gar nicht zu wissen, wozu ich das tue und was weiter damit geschieht. Ich muss einfach essen, weil ich Hunger habe und ein grosser Teil der Menschheit zerbricht sich gewiss nicht den Kopf über Zweck und Sinn dieser Einrichtung.

Die Gefühle als unsere Lehrmeister anzusprechen, das ist eine Erklärungsweise geistigen Geschehens, die dem Zustande unserer Wissenschaft vor etwa 150 Jahren entspricht. Damals wurde alles dem Verstande zugeschrieben und wenn man einen geistigen Vorgang soweit gedreht hatte, dass man ihn sich als Denktätigkeit einigermafsen zurechtlegen konnte, dann war die Sache erklärt. Ganz ausgerottet ist diese Auffassung noch lange nicht, leider nicht einmal unter den Fachpsychologen.

Nach dieser noch sehr populären Verstandespsychologie wären die Gefühle dazu da, uns zu belehren, was uns gut ist und was nicht, und weil wir das aus ihnen erfahren, deswegen tun oder lassen wie dieses und jenes. Daraus also, dass wir uns Schmerz zuziehen, wenn wir mit dem Kopf gegen die Wand rennen, sollen wir schlauer Weise den Schluss ziehen, dass uns das „Rennen gegen die Wand" schädigt und deswegen tun wirs nicht wieder. Und wenn wir uns einmal ein Ekelgefühl geholt haben, schliessen wir, dass „zu viel essen" schädlich ist und hören andermal rechtzeitig auf.

Können wir denn aber weiter essen, wenn das Ekelgefühl da ist? Und können wir überhaupt mit dem Kopf gegen die Wand rennen? Wenn einer eine Wette eingeht, oder unter ähnlichen verwickelten Bedingungen, wo verschiedene Gefühle mit einander in Wettbewerb treten, kann er es wohl, aber es fällt ihm zum mindesten sehr schwer, d. h. er muss sich anstrengen, um seines Gefühles Herr zu werden. Das Gefühl gebietet oder verbietet die Handlung direkt, nicht etwa durch Belehrung. Sein Vorhandensein steht im obigen Beispiel der Handlung

Aber wenn mich jemand bittet, mich zu Versuchszwecken in den Finger stechen zu lassen oder wenn eine kleine Operation vorgenommen werden soll, so wird der Vorgang verwickelter. Es treten jetzt zwei Triebe oder Willen gleichzeitig auf, die sich gerade entgegenstehen. Der Abwehrtrieb heisst mich die Hand wegziehen, während der Ehrgeiz mich den Schmerz aushalten heisst. Wenn aber in uns zwei Triebe gegen einander wirken, dann geschieht nicht dasselbe wie in der unorganischen Welt. Nur so lange beide Triebe genau gleich stark wären, könnte der Erfolg derselbe sein, den uns die Physik kennen lehrt, es geschähe dann wohl gar nichts. Aber dieser Fall tritt in unserem Bewusstsein kaum ein, vielmehr gewinnt einer der beiden Triebe oder Willen die Oberhand und die Folge ist, dass genau dasselbe geschieht, als ob bloss der stärkere Trieb vorhanden wäre. In unserem Beispiel ist nur der Trieb sich dem schmerzhaften Reiz zu entziehen, der ursprünglich viel stärkere. Zudem kämpft dieser Trieb, so lange das Stillhalten dauert, fortwährend gegen den Trieb, der ihm entgegensteht, an, weil das Schmerzgefühl nicht verschwindet. Wenn dagegen ein Antrieb in Konkurrenz tritt mit einem andern, der unzweifelhaft der schwächere ist, so zaudern wir gar nicht zu sagen, es sei unser Wille, dem stärkeren nachzugeben.

Wenn ich mir z. B. beim Spazierengehen den Knöchel vertrete, dann setze ich mich am Wege hin. Ich will mich gegen den Schmerz, den mir das Weitergehen verursacht, wehren. Begegnet mir aber dasselbe, wenn ich mit dem Eisenbahnzuge abreisen will, dann halte ich den Schmerz aus und laufe weiter. Der Trieb, der mich laufen lässt, ist mein Ernährungstrieb oder Pflichtgefühl, wenn ich Geschäfte oder amtliche Angelegenheiten zu erledigen habe. Wenn ich ein Stelldichein habe, ist es ein anderer. Wenn zwei Triebe mit einander um den Vorrang ringen, nennt man in der Umgangssprache die erfolgende Handlung eine Willenstätigkeit. Wo gar kein Kampf stattfindet, wird man eher von einer Triebhandlung sprechen. Die Konfusion, die hier herrscht, liegt auf der Hand. Die wissenschaftliche Betrachtung der Tatsachen des Seelenlebens hat keine Veranlassung die beiden Fälle, wo ein Kampf zweier Triebe stattfindet und wo von vorn herein nur einer vorhanden ist, als grundverschieden anzusehen. Wenn wir also im weiteren von Trieben sprechen, so gilt als selbstverständlich, dass es überhaupt nur die Triebe sind, auf Grund deren etwas von uns geschieht. Die Frage des Willens hier noch weiter zu beleuchten, hiesse zu weit vom Gegenstand unserer Untersuchung abschweifen.

Die Triebe sind nun unzweifelhaft aufs engste mit den Gefühlen verknüpft, das lehrt die oberflächlichste Betrachtung. Aber das nähere Verhältnis von Trieb und Gefühl ist ein Problem, das mir noch gänzlich ungeklärt zu sein scheint. Das Problem ist in der Psychologie noch

nicht einmal klar formuliert, die Fachpsychologie beschäftigt sich nämlich
mit den Trieben noch nicht gern. Sie wird aber, wenn nicht alle Anzeichen trügen, jetzt allmählich dazu gezwungen werden.

Wir haben von vornherein gesehen, dass mit dem Schmerzgefühl
ganz untrennbar ein Trieb verknüpft ist. Es fällt uns schwer, uns in
den Finger zu stechen, es muss der Trieb oder Wille, uns gegen Verletzungen zu schützen, von uns überwunden werden. Wir wollen diesen
Trieb immer kurz den Abwehrtrieb nennen, so verschieden auch seine
Äusserungen sein können. Ob wir vor einer Verletzung fliehen oder
zum Gegenangriff übergehen, es kommt immer darauf hinaus, dass wir
den Schmerz abwenden, abwehren wollen. Ganz ursprünglich äussert
sich dieser Trieb als ein Drang, uns zu wehren. Es sind in der Natur
am häufigsten die Feinde, die den Schmerz verursachen, und gegen die
wehrt man sich. Kinder, an denen die Triebe vielfach in ihrer ursprünglichen und unverfälschten Form zutage treten, schlagen gegen jeden
Gegenstand los, der ihnen Schmerz verursacht hat. Es würde dem
Kinde nicht einfallen, den Stuhl, an dem es sich den Kopf zerschlagen
hat, zu prügeln, wenn dem nicht die ursprüngliche Äusserungsform
des Triebes zugrunde läge.

Schon an dieser Stelle muss ich den Leser bitten, bei unseren
Erörterungen über den Schmerz und seine Äusserungen stets nur an
den normalen Schmerz zu denken, der in der Natur durch Stoss und
Schlag und z. B. durch die Dornen vieler Pflanzen, am gewöhnlichsten
aber durch Angriff anderer Tiere entsteht. Den Krankheitsschmerz
werden wir gesondert betrachten. Er kann unser Verständnis des
Schmerzvorgangs wenig fördern, weil er, wie noch zu zeigen sein wird,
ein ganz zufälliges Vorkommen ist, während der Schmerz durch Verletzung eine ganz unentbehrliche Funktion unseres Organismus ist.
Nur aus den normalen Lebensverhältnissen aber kann ein Verständnis
für eine Funktion gewonnen werden, nicht aus zufälligen Begleit-
erscheinungen von Krankheiten, für die die Natur nicht vorgesorgt
haben kann.

Für die Ausbildung des Abwehrtriebs kommen die vielen geringeren
schmerzhaften Reize durch Stossen gegen Hindernisse und dergl. wenig
in Betracht. Diese Schädigungen werden meist unbewusst gemieden,
ihre Vermeidung ist den viel einfacheren Reflexbewegungen anvertraut,
die ohne Gefühl als direkte Antwort auf den Reiz, allerdings auch durch
Vermittelung des Nervensystems, aber rein mechanisch ohne Bewusstseinserscheinungen erfolgen. Dagegen sind die mit Gefühlen einher-
gehenden Triebhandlungen selbstverständlich stets bewusst, denn ein
Gefühl ist eine Bewusstseinserscheinung. So selbstverständlich es ist,
dass es nervöse Vorgänge ohne Bewusstseinserscheinung gibt — die
allermeisten verlaufen ohne jede Spur von begleitendem Bewusstseins-

geschehen — so unsinnig wäre es, von unbewussten seelischen Vorgängen zu sprechen, und Gefühle sind seelische Vorgänge, sie sind nur in unserem Bewusstsein. Seele und Bewusstsein sind für unseren Standpunkt eines und dasselbe, wir kennen kein Seelisches in anderer Gestalt denn als Bewusstsein.

Gerade das Gefühl des Schmerzes macht den Vorgang der Abwehr stets zu einem bewussten. Wenn ich sehr eilig zu laufen habe und ich stosse gegen ein geringes Hindernis, so kann ich ausweichen, ohne dass ich es überhaupt weiss, und tatsächlich tun wir das fortwährend. Denn wenn uns alle Hindernisse zum Bewusstsein kommen sollten, dann stünde es schlecht um unser Fortkommen. Sowie aber das Hindernis von der Art ist, dass es Schmerz verursacht, wenn ich mir z. B. wieder den Fuss vertrete, dann wird das Ereignis bewusst und das geschieht durch das Gefühl des Schmerzes.

Wenn ich nun irgend eine Abwehrbewegung mache, ist dann der Schmerz aber die Ursache oder die Veranlassung der Bewegung? Wie verhält sich das Gefühl zum Trieb? Diese Frage müssen wir erschöpfend zu behandeln versuchen. Die Ursache der Handlung ist das Gefühl schon ganz gewiss nicht, denn es ist schlechterdings nicht einzusehen, wie der Bewusstseinsvorgang, den wir Gefühl nennen, eine Bewegung verursachen sollte. Aber anscheinend ist er doch die Veranlassung der Tätigkeit. Wir fühlen den Schmerz und um ihn abzuwehren, machen wir die Bewegung. Oder wir nehmen irgend einen Vorgang wahr, der uns Schmerz verursachen kann und wir suchen uns dem zu entziehen. Das letzte ist nun unzweifelhaft richtig, wir handeln tatsächlich so. Unsere Intelligenz, unser Gedächtnis für frühere schmerzhafte Ereignisse setzt uns in die Lage, so zu handeln. Aber ist es deswegen schon berechtigt, den ersten Fall dem zweiten gleichzusetzen? Ist wirklich die Annahme gerechtfertigt, weil wir vorbeugen können, dass nun der Schmerz nicht anders wirkt, als dass er uns belehrt, in welchen Fällen er eintreten wird, so dass wir ihn schlauerweise deswegen vermeiden, weil er unangenehm ist. Wenn es sich so verhielte, wäre es jedesmal eine verstandesmäfsige Überlegung, die uns in Bewegung setzte.

Nun kann aber die Handlung, die der Abwehr des Schmerzes dient, gar nicht unterlassen werden, sie ist eben die Wirkung eines Triebes, der in uns tätig ist. Der Verstand kann dabei nur die Rolle eines Dieners dieses Triebes übernehmen, nicht aber den Trieb selbst ersetzen. Man ist leicht geneigt, die Leistung des Verstandes hier wie in vielen anderen Fällen weit zu überschätzen. Wenn jemand durch eine Krankheit das Schmerzgefühl in einem Gliede verloren hat, indem er die Organe der Schmerzleitung einbüsst, dann sehen wir ihn trotz aller Achtsamkeit sich mannigfache Verletzungen, besonders häufig Brandwunden zuziehen. Also das Aufpassen auf die Schädlichkeiten

genügt gar nicht, um sich zu schützen und der Schmerz muss immer
wieder zusammen mit dem Abwehrtrieb auftreten, um uns vor Schaden
zu bewahren. Daran sehen wir schon, dass wir uns für unsere Betrachtung des Verhältnisses von Schmerz und Abwehrtrieb zu einander,
von dieser Richtung ganz frei machen müssen, denn die Abwehrhand-
lung wird durch den Verstand nicht hervorgebracht oder auch nur
vermittelt.

Zwischen Gefühl und Trieb muss also ein direktes, kein irgendwie
vermitteltes Verhältnis vorhanden sein und dieses Verhältnis müssen wir
untersuchen. Das Gefühl kann, da, wie wir gesehen haben, eine Vermittelung nicht besteht, nun auch ebensowenig die Veranlassung für
das Auftreten des Triebes sein, wie es seine eigentliche Ursache ist.
Die gangbare Ansicht ist freilich das letzte. Allgemein sagt man, weil
wir Schmerz haben, wehren wir uns, weil wir Ekel fühlen, wenden wir
uns ab, weil wir Hunger haben, essen wir, weil wir lieben, umarmen
wir, und weil wir neugierig sind, laufen wir dahin, wo es etwas zu sehen
gibt. Diese Ausdrucksweise fasst das Gefühl als Ursache oder zum
mindesten als Veranlassung des Triebes auf.

Diese anscheinend so naheliegende Auffassung kann aber keinesfalls zutreffen, vielmehr liegt meines Erachtens hier wieder einer der
Fälle vor, wo man die Auffassung der Erscheinungen als Ursache und
Wirkung oder als Veranlassung und Folge in ein Verhältnis hinein-
getragen hat, wo eingehendere Betrachtung eine andere Zuordnung
enthüllt. Wo in der Welt zwei Vorgänge oder Dinge so mit einander
verknüpft angetroffen werden wie Gefühl und Trieb, da liegt allerdings
meist ein Fall von Ursache und Wirkung vor und wir sind an diese
Zuordnung so gewöhnt, dass wir mit ihrer Annahme überall flugs bei
der Hand sind. Wir müssen die Beziehung ganz vorurteilsfrei suchen
und prüfen.

Zunächst ist nicht zu bezweifeln die unlösliche Zusammengehörig-
keit von Gefühl und Trieb, zum mindesten tritt ein Gefühl nie auf ohne
einen Trieb. Und zwar gehören zu jedem Trieb ganz bestimmte Gefühle.
Wie zum Abwehrtrieb der Schmerz, so gehören zum Nahrungstrieb
Hunger und Durst und als Regulierer der Nahrungsaufnahme der Ekel,
zum Fortpflanzungstrieb das Liebesgefühl, zum Brutpflegetrieb die
Mutterliebe, zum Kenntnistrieb die Neugierde und zu den sozialen
Trieben Stolz, Verachtung usw.

Wenn wir nun noch einige Hilfstriebe, z. B. den Angriff- und
den Fluchttrieb, denen Zorn und Furcht als Gefühle zugeordnet sind,
hinzunehmen, so haben wir die wichtigsten Triebe, die unser Leben
beherrschen, im vorigen aufgezählt. Weggelassen ist der noch sehr in
Dunkel gehüllte Schmucktrieb mit seinen Gefühlen des Gefallens und
Missfallens, der vielleicht einem allgemeinen Tätigkeitstrieb entstammt,

dem die Langeweile zugeordnet ist und der auch die Kinder spielen
lassen mag. Ein normaler Mensch will sich schützen, sich nähren,
lieben, seine Nachkommen pflegen und in der Gesellschaft von seines-
gleichen geachtet sein. Der Erkenntnisdrang mit der Neugierde ist zu
all dem ein wichtiges Hilfsmittel. Ausserdem will der Mensch sich und
seine Umgebung schmücken. Dass der normale Mensch etwas anderes
wollen kann, ist gänzlich ausgeschlossen, es liegt im Wesen der Triebe,
dass sie das Handeln auf ganz bestimmte Ziele richten.

Wir lernen somit die Haupttriebe mit ihren Grundgefühlen schnell
kennen, aber es ist leicht ersichtlich, dass mit unserer Aufzählung die
Gefühle durchaus nicht erschöpft sind. Mit dem Ablauf der Tätigkeiten
sind stets noch verschiedene andere Gefühle verknüpft und am be-
lehrendsten für unsere Frage nach dem Verhältnis von Gefühl und Trieb
sind gewisse Gefühle, die nicht einem bestimmten Trieb zugeordnet sind,
die sich vielmehr beim Zusammenfall mehrerer Triebe ergeben oder die
sich einstellen, wenn sich der Erfüllung eines Triebes Hindernisse in
den Weg stellen. Z. B. entsteht das Gefühl des Zweifels, wenn zwischen
zwei Trieben, die nicht zugleich befriedigt werden können, ein Kampf
stattfindet. Dasselbe Gefühl kann entstehen, wenn wir uns nicht entscheiden können, welches Mittel für die Erreichung eines Zieles das
zweckmäfsigere ist. Der Gefühlszustand ergibt sich somit hier ausschliesslich daraus, dass wir uns der Unsicherheit des Wählens bewusst
werden.

Ganz ebenso ergibt sich das Gefühl der Erwartung, der Ungeduld,
wenn sich irgend einem Trieb oder einer Handlung, die auf Umwegen
einen Trieb befriedigen soll, etwas in den Weg stellt. Es ergeben sich
also Gefühle aus der Ablaufsart des tätigen Lebens, nicht gehen die
Gefühle den Trieben voraus und veranlassen ihr Wirken. Das Gefühl
des Zweifels kann uns zu gar nichts veranlassen, es ist weiter nichts
als das Bewusstsein des Kampfes zweier Motive, und auch die Ungeduld
veranlasst nichts in uns. Wenn man sagt, wir beschleunigen eine
Handlung, weil wir ungeduldig sind, so liegt der Irrtum in diesem Fall
auf der Hand. Dass wir die Handlung beschleunigen wollen, das ist
eben die Ungeduld und wir erleben ganz dasselbe Gefühl der Ungeduld,
wenn die Verhältnisse es ganz unmöglich machen, die betreffende Handlung zu beschleunigen, auch wenn gar keine Tätigkeit vorzunehmen ist.

Genau so wenig nun wie in diesen Fällen die Zusammenordnung
der Gefühle und Triebe ein Verhältnis von Veranlassung und Folge ist,
vielmehr ein Zusammenfall der Triebwirkung und der Bewusstseinserscheinung, die wir Gefühl nennen, hier ganz offenbar ist, genau so
verhält sich der Trieb zu dem ihm unmittelbar zugeordneten Gefühl.

Wenn man sagt, ich esse, weil ich Hunger habe, so bezeichnet
man mit „Hunger haben" nicht mehr bloss das Gefühl, sondern auch

den Trieb und versteht unter „Hunger haben" „Essen wollen". Das Gefühl des Hungers veranlasst nicht den Trieb zu essen, es ist von dem Trieb gar nicht zu trennen, und in dem Augenblick, wo ich das Gefühl im Bewusstsein habe, kann ich auch den Trieb zu handeln in mir entdecken. Freilich lerne ich den Trieb nur auf Umwegen kennen. Ich habe die Erfahrung gemacht, dass ich essen will, wenn ich das Hungergefühl verspüre. Unmittelbar ist dagegen in meinem Bewusstsein bei dem Vorgang nichts anderes vorhanden als das Gefühl. Mit anderen Worten: „In dem Gefühl wird der Trieb bewusst."

Der Schmerzabwehrtrieb und seine Äusserungen.

Bevor wir jetzt unter dem neu gewonnenen Gesichtspunkt den Schmerz betrachten, sei erst wieder das Ekelgefühl zum Vergleich herangezogen. Was ist das Ekelgefühl überhaupt anderes als das Bewusstwerden des Vorganges, der mit Würgbewegungen anfängt und schliesslich zum Erbrechen führen kann? Ich meine nicht, dass erst die begonnene oder vollendete Bewegung uns nachträglich zum Bewusstsein kommt, sondern die Tatsache, dass die Bewegung erfolgen muss oder will, oder dass sie droht, kommt uns als Ekelgefühl zum Bewusstsein, ob nun schliesslich die Bewegung erfolgt oder nicht. Entweder das ganze Gefühl des Ekels oder doch die Hauptsache daran ist das Bewusstwerden dieses Antriebes, wobei aber das Gefühl mit einem Antrieb zu einer Bewegung keinerlei Ähnlichkeit zu haben braucht. Denn das Gefühl ist ein Bewusstseinsvorgang, der Bewegungsantrieb erfolgt unbewusst, ist ein nervöser, physiologischer Vorgang, der eben nur im Gefühl bewusst wird.

Und nun zum Schmerz! Hier liegt das Verhältnis allerdings nicht so klar zutage wie beim Hunger und Ekel. Deswegen musste ich die Beziehung von Gefühl und Trieb erst so ausführlich an anderen Beispielen erläutern. Hunger und Ekel sind, wie wir gesehen haben, das Bewusstwerden der Tatsache, dass man essen oder sich übergeben muss. Die Behauptung, dass das Schmerzgefühl nichts weiter sein kann als das Bewusstwerden des Abwehrtriebes, wird gewiss auf Widerspruch stossen. Man missverstehe mich aber nicht etwa dahin, als wollte ich behaupten, Trieb und Gefühl seien ein und dasselbe. Die Anschauung, die ich aufstelle, ist nur, dass sie zusammenfallen, dass dem physiologischen Vorgang des Antriebes zu einer Tätigkeit im Bewusstsein das Gefühl entspricht. Der Trieb wird nur im Gefühl bewusst. Ein Bewusstseinsvorgang kann aber nichts weniger als identisch mit einem nervösen Vorgang sein, beide sind vielmehr vorläufig unvergleichbar.

Ganz untrennbar ist mit dem Gefühl des Schmerzes der Drang verbunden, die Schädigung abzuwehren. Bei Gelegenheit der Untersuchung von Kranken trifft man häufig genug auf Personen, besonders weibliche, die sich nicht mit einer Nadel stechen lassen wollen oder, wie man ebensogut sagen kann, nicht stechen lassen können. Will man gar ein Tröpfchen Blut zur Untersuchung, so erntet man einen kleinen Stoss im Augenblick, wo man einsticht, zum mindesten aber muss die Person den Drang, sich zu wehren, überwinden, indem sie die Muskeln irgendwie feststellt, sich z. B. an einem Stuhl festhält.

In diesem Falle wirkt nun ein im Augenblick stärkerer Trieb dem Abwehrtrieb entgegen. Wo kein anderes Motiv entgegensteht, äussert sich der Abwehrtrieb ganz frei, er ist dann auch der sogenannte freie Wille der Person. Wenn eine Katze kratzen will, dann schlägt man sie und wenn man sich die Finger verbrennt, zieht man sie eiligst zurück. Der Trieb zu schlagen oder die Hand wegzuziehen ist unzweifelhaft in demselben Augenblicke tätig wie das Schmerzgefühl, und meine Anschauung ist nun die, dass das Gefühl das Bewusstwerden des Vorgangs ist, der sich nach aussen als Bewegung kund gibt, also des Triebes.

Nun dauert aber der Schmerz weiter an, wenn man die Hand schon dem schädigenden Reize entzogen hat, wenn eine eigentliche Abwehrbewegung also gar nicht mehr möglich ist, und ebenso überdauert fast bei jeder Verletzung der Schmerz die Möglichkeit der Abwehr. Dieser Umstand ist es, der die Verhältnisse beim Schmerz einigermafsen verwirrt und wir müssen uns mit dieser Eigenart des Schmerzgefühls noch näher beschäftigen.

Ohne Zweifel ist in dem Falle des Verbrennens, nachdem man sich dem brennenden Gegenstand entzogen hat, eine weitere Abwehr nicht mehr möglich und doch dauert der Schmerz an. Aber ist deswegen das Schmerzgefühl vom Abwehrtrieb zu trennen? Dauert nicht vielmehr der Abwehrtrieb auch mit an, wenn er auch in seiner Nachdauer zwecklos ist? Die Zwecklosigkeit beweist gar nichts, denn es ist eine gewaltige Übertreibung und eine Überschätzung des zweckmäfsig schaffenden Naturprinzips, wenn man glaubt, jeder einzige Vorgang im Organismus müsste in allen seinen Teilen und in seinem ganzen Ablauf in jedem Augenblicke zweckmäfsig sein. Wenn wir so organisiert sind, dass Verletzungen meist länger schmerzhaft sind als es Zweck hat, so müssen wir uns vor Augen halten, dass die Natur doch nicht allmächtig ist. Es muss vieles Unzweckmäfsige um eines anderen Zweckes willen mitentwickelt und mit durchgeschleppt werden durch das Leben und die Nachdauer des Schmerzes ist nicht einmal schädlich, sondern nur meist unnütz.

Die Frage also, ob in jedem Falle die Dauer des Abwehrtriebes einen Zweck hat, berührt gar nicht die uns vorliegende, ob er vorhanden

ist oder nicht. Und unzweifelhaft ist er vorhanden, so lange der Schmerz
dauert. Wenn man sich die Finger verbrannt hat, so ist doch unver-
kennbar, so lange der Schmerz besteht, auch ein Drang vorhanden, sich
dem schmerzhaften Reiz zu entziehen, auch wenn dieser Trieb keinen
äusseren Gegenstand mehr findet. So unpraktisch diese Einrichtung
unseres Organismus auch sein mag, der Abwehrtrieb ist doch in seiner
ganzen Stärke vorhanden und das Peinigende des Zustandes liegt zum
Teil gerade darin, dass der Abwehrdrang keinen Gegenstand findet.
Ein solcher wird deswegen von vielen Personen, besonders von Kindern
und Ungebildeten, mit Eifer gesucht, und findet er sich in einem unschuldigen Sündenbock, dann wehe diesem Objekt, an dem sich der
Schmerzgepeinigte Luft macht. Fehlt ein solches Objekt, so äussert
sich der Trieb in scheinbar sinnlosen Bewegungen, die aber so wenig
zurückzuhalten sind, wie der zweckvolle Abwehrtrieb im Augenblicke
der Schmerzzufügung. Wie sollte überhaupt eine Nachdauer, die durch
die Folgen der Verletzung bedingt ist, von dem Vorgang während der
Schädigung selbst sich unterscheiden können, da doch diese selbst lange
andauern und eine entsprechende Dauer der Abwehrtätigkeit unter
Umständen beanspruchen kann?

Die der Schmerzfunktion dienenden Organe sind so beschaffen,
dass der Schmerz mit jeder Verletzung eines zur Schmerzvermittelung
befähigten Nerven verbunden ist. Hat nun auch der normale Schmerz
einen wirklichen Zweck und Nutzen für seinen Empfänger in dem
Augenblick, wo er von aussen zugefügt wird, so verschwindet er wegen
der Eigenart der Schmerzorgane erst dann, wenn die Nerven nicht mehr
gereizt werden, was allerdings unter Umständen, z. B. bei Knochen-
brüchen, Wochen auf sich warten lassen kann.

Der Nutzen der ganzen Einrichtung liegt allerdings ausschliesslich
in der rechtzeitigen, und was bei den im Naturleben überwiegenden
Verletzungen durch Angriff am wichtigsten ist, möglichst starken Abwehrtätigkeit. Je heftiger der Schmerz ist, desto mehr gewinnt die
Abwehr an Kraft und Gewalt. Keine sogenannte rein willkürliche
Muskelarbeit kommt jemals an Kraftentfaltung den gewaltigen Leistungen
nahe, die der Schmerz im Kampfe hervorbringt. In der freien Natur
tobt der Kampf zwischen den Geschöpfen unaufhörlich. Wie sie ewig
lebt, die Schöpfung, so stirbt sie auch in jedem Augenblick und in
grausamstem Kampfe zerreissen und zerfleischen sich die Geschöpfe.
Die furchtbarsten Waffen schafft die Natur für diesen Kampf und auf
der anderen Seite schuf sie wieder zur Abwehr den gewaltigen Trieb,
der im Augenblick der Gefahr das Geschöpf seine ganze Kraft aufbieten
lässt zur Verteidigung seines Lebens und seiner Gesundheit, sei es durch
kraftvollen Gegenangriff oder durch Flucht mit äusserster Anspannung
aller Kräfte.

Weil aber Leben und Gesundheit der Güter höchstes, darum ist der Schmerz das überwältigendste aller Gefühle. Wenn er bohrt und peinigt, dann ist in uns nur der Trieb, uns gegen Vernichtung und Schädigung zu wehren, und gibt es keine Abwehr, dann äussert sich der Trieb. freilich vergebens, doch in gewaltigen Bewegungen, die in den höchsten Graden der Pein den ganzen Körper sich winden und krümmen lassen und in den furchtbaren Lauten des Schmerzgeschreies einen Ausweg suchen.

Im Kampfe gesellt sich freilich dem Schmerz stets der Zorn zu. Dieses Gefühl entspricht dem Triebe, jeden Gegner, Angreifer und Nebenbuhler zu zermalmen. Der Zorn hat mit dem Schmerz die Eigenschaft gemein, die Muskeln zu den höchsten Leistungen anzuspannen. Wie nun der Zornige, wenn für ihn der Gegenstand, gegen den sich der Trieb richtet, nicht erreichbar ist, die Hände ballt und wenns besonders arg wird, irgend einen leblosen Gegenstand mit den Fäusten bearbeitet, so schreit der Schmerzgepeinigte nicht nur laut auf, sondern er packt am liebsten irgend einen Gegenstand mit grosser Kraft an. Dabei zeigt sich häufig die Eigentümlichkeit, dass er den unschuldigen Gegenstand seiner Schmerzäusserungen von sich wegdrückt, gerade so als wollte er einen Angreifer, der ihm Schmerz zuzufügen droht, so viel wie möglich von sich abhalten.

Eine ihrem Ursprung nach ähnliche Bewegung machen wir regelmäßig, wenn wir einen Schmerz an einem Gliede haben. Wenn man sich z. B. die Finger verbrannt hat, dann macht man unaufhörlich eine Bewegung, als wollte man etwas von der Hand abschütteln. Man könnte sich kaum anders benehmen, wenn z. B. ein Blutegel an der Hand angebissen hätte. Es sieht gerade so aus, als wollte man mit einer Wurfbewegung etwas abschütteln, und man wird kaum fehlgehen, wenn man die Erklärung für diese Bewegungen darin sucht, dass sich der Abwehrtrieb hier in einer ursprünglichen Form äussert, dass also dieselben Bewegungen gemacht werden, die in den Fällen, wo in der Natur der Trieb in Tätigkeit tritt, bei Angriffen grosser oder kleiner Feinde, sich als die zweckmäßigsten allmählich entwickelt haben.

Ein grosser Fehler wäre es nur, wollte man die angegebene Erklärung auf alle sogenannten Ausdrucksbewegungen ausdehnen — denn von solchen sprechen wir — wie von übereifrigen Anhängern D a r w i n s zum Schaden der ganzen Theorie geschehen ist. Man darf nicht vergessen, dass nicht jede geringste Struktur- und Funktionseigentümlichkeit eine Bedeutung und einen Zweck haben kann und dass manches dem Zufall seine Entstehung verdankt. So finden wir unter den Ausdrucksbewegungen des Schmerzes neben den deutlich als Abwehrbewegungen sich kennzeichnenden eine Reihe anderer Erscheinungen, für die schwerlich eine ähnliche Erklärung ausfindig zu machen ist. Wenn der

Schmerzgepeinigte die Augenbrauen zusammenzieht, so mag das eine der vielen Mitbewegungen sein, die fast alle unsere Bewegungen begleiten. Und wenn auf der Schmerzfolter die Zähne zusammengebissen werden und der Kehlkopf einzelne heisere, abgebrochene Laute ausstösst, so sind das wahrscheinlich Ausstrahlungen der gewaltigen Energie, die beim Schmerzvorgang im Nervensystem frei wird und sich irgend wohin entladen muss. Im höchsten Schmerze ziehen sich alle Muskeln zusammen und der Körper dreht und windet sich unter den Qualen, bis eine Ohnmacht von ihnen zeitweise erlöst. Der keuchende Atem und der Schweissausbruch, ebenso wie die Beschleunigung der Herztätigkeit, das Rotwerden des Gesichts und anderes sind gar keine Ausdrucksbewegungen, wenigstens keine direkten Triebbewegungen, sondern wahrscheinlich Folgeerscheinungen der gewaltigen Muskel- und Nervenarbeit im Organismus.

Allenfalls kann noch das Schreien vor Schmerz als eine zweckmäfsige Bewegung gelten, die zum Abwehrtrieb gehört. Denn die Tiere, so weit sie gesellig oder in Familien leben und also auch der Mensch, helfen einander die Angreifer abwehren und das Schreien könnte als Notsignal und Warnung ausgebildet sein. Ich möchte auf diese Vermutung aber nicht viel Gewicht legen. Das Schreien ist einmal keine regelmäfsige Ausdrucksbewegung des Schmerzes, dann aber tritt es auch bei Tieren auf, die sich nicht helfen. Ich sah eine Ratte von einer Katze gepackt werden, das Tier schrie furchtbar. Ebenso schreien Kaninchen im Schmerz und es mag das Schreien hier auch eine einfache Entladung der nervösen Energie sein. Allenfalls kann man daran denken, dass die jungen Tiere von der Mutter geschützt werden und dass das Schreien zweckmäfsig ist, so lange die Brutpflege dauert, später aber beibehalten wird.

. Zweifelhaft bleibt es mir, ob das Weinen zu den eigentlichen Schmerzäusserungen gehört. So regelmäfsig die Kinder weinen, wenn ihnen Schmerz zugefügt wird, so ausnahmslos weint eigentlich kein Erwachsener vor Schmerz. Es findet höchstens ein Zucken der Augenlider statt, das durch Druck auf die Drüsen einige Tränen herauspresst, während der reichliche Tränenerguss bei seelischem Leid ohne diesen Umweg auf nervöser Grundlage stattfinden muss. Nun ist für die Kinder der körperliche Schmerz wohl in ganz anderem Mafse auch ein seelischer wie für den Erwachsenen und ich möchte vermuten, dass die Tränen nur zum seelischen Schmerz, also zum Leid, nicht aber zum eigentlichen Schmerz gehören. Bekanntlich weint kein Tier, während die Ausdrucksbewegungen des Schmerzes bei den höchststehenden Tieren dieselben sind wie beim Menschen. Seelisches Leid aber ist doch wohl menschlicher Vorzugsbesitz und hier sind die Tränen die wichtigste, in ihrer Entstehung freilich durchaus in Dunkel gehüllte, Ausdrucksform. Wenn der Mensch vor Schmerz weinte, täten es die Tiere wahrscheinlich auch.

Diese Ausführungen über die Schmerzäusserungen, denen man Einseitigkeit und Voreingenommenheit kaum wird vorwerfen können, zeigen, dass die Ausdrucksbewegungen zwar eine sehr verschiedene Bedeutung haben können, dass aber jedenfalls in einem Teil von ihnen sich der Abwehrtrieb in seiner ursprünglichen Gestalt äussert und dass sie zum Teil Reste von Bewegungsreihen sind, die auf einer früheren Entwickelungsstufe dem Geschöpf als ererbter Besitz von stets zur Verfügung stehenden Abwehrbewegungen von höchstem Nutzen waren.

Zum Schmerzvorgang gehört die Abwehr oder zum mindesten als Ersatz dafür die Ausdrucksbewegungen. Deswegen brauche ich das Wort „Schmerzvorgang" mit voller Absicht für das Gefühl zusammen mit dem Trieb.

Nichts ist geeigneter, den Schmerz zu erleichtern, als wenn er sich austoben kann und gerade das Zurückhalten der Schmerzäusserungen erhöht den Schmerz. Wenn man sich die Finger verbrannt hat, dann dient doch nichts mehr zur Erleichterung, als wenn man hin und herrennen kann und die erwähnte Schüttelbewegung mit der Hand fortwährend ausführt. Ebenso wirkt das Schreien viel erlösender als das Zusammenbeissen der Zähne, um das Schreien-müssen, das ein Teil des Schmerzvorgangs ist, zu bemeistern.

Man sagt bekanntlich, in der Erregung des Kampfes fühle der Kämpfer gar nicht den Schmerz der Verletzung. Daran ist sicherlich etwas Wahres. Das Peinigende des Schmerzes, der sich nicht austoben kann, wird im Kampfe nicht gespürt, ja das Austoben des Abwehrtriebes bereitet so viel Lust, dass dadurch dem Schmerzvorgang oft die Pein ganz genommen sein mag. Wenn ein Trieb unterdrückt werden muss, zeigt sich das dem Bewusstsein durch immer stärkere Betonung des Peinigenden am Gefühlszustande an. Daher richtet sich bei Tieren der ganze Schmerz nach aussen und manches Geschöpf wendet sich, auch wenn es durch Krankheitsschmerzen geplagt ist, gegen seine Umgebung und beisst, kratzt und schlägt, was ihm in den Weg kommt. Jedes Tier ist vor Schmerz wütend. Es wird gerade, weil es wütet, wohl nicht so schwer leiden wie der Mensch, der erkennt, dass die Ursache eine Krankheit ist und der Schmerz ertragen werden muss. Ganz bemeistern kann übrigens auch der Mensch, abgesehen von den Ausdrucksbewegungen, seine Neigung, um sich zu schlagen, nicht immer und besonders ungebildete Personen sind im Schmerz schwer erträglich. Die Dienstmädchen zerschlagen, wenn sie Zahnschmerz haben, mit Vorliebe irgend welches ihrer Pflege anvertraute Hausgerät.

Den innigen Zusammenhang zwischen Trieb und Gefühl ist besonders das Verhalten bei Berührungen des Auges zu erläutern geeignet. Man versuche einmal das Auge etwa mit einem Pinsel zu berühren. Es ist allerdings schwer diesen Versuch anzustellen. Bevor man das Auge berühren kann, treten Reflexbewegungen ein, die den Versuch verhindern wollen. Kann man diese nicht hemmen, so muss man das Auge mit einer Hand offen halten. Die Berührung des Auges ist sehr viel leichter schmerzhaft, als die jeder anderen Körperstelle. Aber wie ist der Schmerz, der hier ausgelöst wird, beschaffen? Der Drang, das Auge dem Angriff zu entziehen, durch Lidschluss oder Wegwenden des Kopfes, ist an dem Vorgang das Überwiegende.

Nun haben wir an diesem Beispiele einen sehr primitiven Vorgang vor uns, seine Elemente sind ganz eindeutig bestimmt. Der Reiz wird nicht genauer unterschieden, er löst nur eine ganz unklare Empfindung und eine noch unklarere Wahnehmung aus, dagegen einen mächtigen Abwehrdrang, und der Trieb, der zur Tätigkeit kommt, ist in seinem ganzen Ablauf fest bestimmt. Es kommen nur zwei einfache Bewegungsreihen in Betracht, Augenschluss oder Abwendung des Kopfes. Die ganze Einrichtung, die wir da vor uns haben, ist so erhalten, wie sie bei sehr fernen Urahnen unseres Geschlechts schon in Funktion gewesen sein mag. Sie hat etwas Primitives an sich, was wir in unseren Funktionen nicht mehr oft antreffen.

Deswegen finden wir aber in diesem Falle das Gefühl nicht nur mit dem Trieb, sondern auch mit der Empfindung in engster Verbindung. Das kann nur darin seinen Grund haben, dass der Vorgang so ursprünglich und eindeutig ist. Ohne einen Reiz kann im Organismus überhaupt nichts geschehen. Der äussere Reiz löst sowohl Empfindungen als Triebe aus und mit den Trieben Gefühle. Jedoch löst sich bei verwickelter Funktionsweise des Organismus der Trieb von der Einwirkung äusserer Reize mehr und mehr los und wird abhängig von der inneren Lage der Funktionen. Nur unter einfachen Verhältnissen können wir deswegen die Gefühle auch mit den Empfindungen unlösbar verknüpft antreffen. Ein solcher primitiverer Vorgang ist noch der Schmerz.

Da im Bewusstsein gleichzeitige Vorgänge zusammengefasst werden, so kann ein geistiger Vorgang aus verschiedenen Elementen bestehen, die für das Bewusstsein selbst unmittelbar ganz untrennbar sind und die wir doch in anderen Fällen gar nicht im Zusammenhang, ja ohne jede gegenseitige Beziehung antreffen können. Die Frage für eine wissenschaftliche Betrachtung der Zusammenhänge ist nur nicht die: „Treffen wir im Bewusstsein überhaupt Gefühle zusammen mit Empfindungen an?" sondern wir müssen fragen: „Ist das Gefühl in seiner Enstehung und seinem Ablauf unlösbar an die Empfindung oder Wahrnehmung gebunden?" Wenn das der Fall wäre, dann gehörte zu jeder Empfindung ein bestimmtes Gefühl und tatsächlich haben die Psychologen, da sie das Gefühl an die Empfindung untrennbar geknüpft glauben, ganz folgerichtig die Lehre aufgestellt, dass jede Empfindung ein bestimmtes Gefühl mit sich bringe.

Ich halte diese Lehre für einen Irrtum. Es würde zu weit ablenken, wollte ich das hier ausreichend begründen. Für mich genügt schon, um die Lehre als falsch hinzustellen, der Hinweis darauf, dass dieselbe Empfindung unter verschiedenen Umständen die verschiedensten, ja entgegengesetzte Gefühle auslösen kann, eine Tatsache, an der auch kaum jemand zweifelt und die nur der Theorie zu Liebe mit besonderen Eigenschaften der Gefühlsverbindung und Kreuzung umgedeutet wird. Den Schmerz treffen wir nur deswegen mit bestimmten Empfindungen vergesellschaftet und deswegen für das Bewusstsein mit ihnen zu einer unlösbaren Einheit verschmolzen, weil eine primitive Zusammenordnung von Empfindung und Trieb vorliegt.

Der Schmerz verhält sich in dieser Beziehung nicht anders als die Gefühle, die durch Geschmack- und Geruchreize ausgelöst werden. Diese sind die einfacheren und wahrscheinlich die früher erworbenen Sinne. Sie sind für das Tier die direkten Wegweiser bei der Ernährung, indem mit den Empfindungen, die sie vermitteln, aufs engste der Trieb verknüpft ist, etwas als Nahrung anzunehmen oder abzulehnen. Das Bewusstwerden der Annahme ist ein angenehmes Gefühl, das der Ablehnung ein unangenehmes. Das erste aber, was da ist, und auch sicherlich das erste, was in der Entwickelungsreihe entsteht, ist nicht das Gefühl, sondern der Trieb, den wir uns, wo das Bewusstsein noch nicht so weit entwickelt ist, auch ohne das Gefühl wirkend vorstellen können und müssen.

Sowie aber der Geruchsinn auch in den Dienst anderer Tätigkeiten tritt, löst sich auch bei ihm schon deutlich der Zusammenhang von Empfindung und Gefühl. Und im Gebiete der höheren Sinne ist dann der Zusammenhang allenfalls noch auf ästhetischem Gebiete zu finden, wo aber das sehr vernachlässigte Prinzip der Gewöhnung eine grosse Rolle spielt und die natürlichen Zusammenhänge gänzlich lockern kann. Das Gefühl ist jedenfalls nur da mit der Empfindung verwachsen, wo der Trieb durch die äusseren Reize noch eindeutig bestimmt ist. Und es gibt nicht nur Empfindungen, die gar keinen Trieb auslösen, also ganz gleichgiltig sind, sondern sogar solche, die je nach den Umständen die entgegengesetzten Triebe und damit Gefühle im Gefolge haben können.

Das Bewusstwerden des Schmerzes.

Unsere Betrachtung hat uns gezeigt, dass der Schmerz wie jedes andere Gefühl im innigsten Zusammenhange steht mit einem Trieb, und das Verhältnis von Trieb und Gefühl hat sich uns als ein wesentlich anderes enthüllt, als es aufgefasst zu werden pflegt. Die Gefühle begleiten die Handlungen, in ihnen wird die Hemmung oder Erfüllung eines Triebes bewusst, und das Verhältnis wird nur ein anderes, wo auf Grund des Gedächtnisses die angenehmen Gefühle gesucht, die unangenehmen gemieden werden.

Welchen Zweck haben nun aber bei dieser Sachlage die Gefühle? Wozu werden wir so von Schmerzen geplagt, wenn doch der Trieb zur Abwehr auch ohne den Schmerz denkbar ist und sicherlich vielfach ohne ihn tätig ist? Wir finden das Schmerzgefühl als eine so stetige Einrichtung unter den Funktionen unseres Organismus, dass er selbstverständlich eine grosse Bedeutung haben muss und nicht etwa bei der Entwickelung des Bewusstseins zufällig mitentstanden sein kann. Wir können ein Verständnis für den Sinn der Einrichtung nur zu finden hoffen, wenn wir uns in die Zusammenhänge vertiefen, in denen wir die Bewusstseinserscheinung des Schmerzgefühls antreffen. Erklären heisst ja, die Zusammenhänge verstehen lehren.

Der Zusammenhang der Bewusstseinsvorgänge ist nun ein ganz eigenartiger. Das Bewusstseinsleben ist durchaus abhängig vom Gehirnleben, aber es ist ausgeschlossen, dass etwa alle Gehirnfunktionen Bewusstseinserscheinungen hervorrufen. Das Nervensystem ist eine ungeheuer komplizierte Einrichtung, die den manigfaltigsten Funktionen dient, von denen stets eine grosse Anzahl zu gleicher Zeit stattfinden müssen, ohne einander stören zu dürfen. Während ich meine Gedanken hier niederschreibe, leistet mein Gehirn zu gleicher Zeit mindestens die folgenden schwierigen Arbeiten: Es sorgt zunächst für eine passende Stellung meines Körpers, es führt meine Hand beim Schreiben, es muss ab und zu die Feder zur Tinte führen und die Seiten wenden lassen, eben habe ich auch die Lampe verschoben und mancher raucht bei all' dem noch seinen Tabak. Dazu kommen die nie aufhörenden Bewegungen der Atmung, die ohne Gehirnarbeit ebenfalls nicht stattfinden können. Über all' dem hinweg, wie man sich ausdrücken kann, geschieht nun die Denktätigkeit, die augenblicklich in dem Ordnen des Stoffes besteht, der im Gedächtnisschatz bereits angesammelt ist. Wir denken zwar mehr oder weniger in Worten, trotzdem bleibt das Setzen der Worte zur Rede, ihre Wahl und Zusammenstellung ein gewaltiges Stück Arbeit, was neben der eigentlichen Denktätigkeit auch noch einhergehen muss und gewöhnlich nebenher mitgeleistet wird.

Dieses Verhältnis der Hauptarbeit zu den Nebendingen ändert sich aber mit einem Schlage, wenn eine Stockung im Schreiben eintritt. Sowie z. B. für einen Gedanken der Ausdruck nicht zur Stelle ist, tritt im Bewusstsein die Tätigkeit der Wortwahl in die erste Stelle. Sofort ist aber auch ein Gefühl da. Es ist unangenehm, im besten Schreiben, statt seinen Gedanken frei folgen zu können, über einen Ausdruck nachdenken zu müssen. Besonders trifft das einen gewandten Redner, bei ihm muss die ganze Gehirn-Tätigkeit des Wortesuchens ganz unbemerkt neben der Denkarbeit einhergehen. Gefühle sind mit dieser Neben-tätigkeit, so lange sie gut von statten geht, nicht verbunden. Denn freue ich mich etwa in einem Augenblicke, dass mir die Rede glatt von der Lippe fliesst, so ist in diesem Augenblicke schon im Bewusstsein das Reden wieder die Hauptsache und das Denken tritt zurück. Sowie der Redner stockt, tritt ein Gefühl des Abmühens, der Hemmung der Tätigkeit auf, das jeder kennt, und dann ist auch das Bewusstsein schon der Wortwahl zugewandt. Man nennt diesen Vorgang das Wechseln der Aufmerksamkeit.

Wie es nun mit der Wahl der Worte geht, so kann es mit jeder der vorhin aufgezählten Tätigkeiten gehen, die das Gehirn leisten muss, während ich rede und schreibe. Wenn ich schlecht sitze, so kann das eine ganze Weile gehen. Bin ich genügend vertieft in meine Arbeit, so bemerke ich nichts davon und lasse mich nicht stören. Sowie aber die Empfindung eine gewisse Stärke erreicht, die ein Gefühl hervorruft, richtet sich meine Aufmerksamkeit auf die Nebentätigkeit des Sitzens. Und hat das schlechte Sitzen eine Veranlassung, die schnell schmerzhaft wirkt, so wird die Aufmerksamkeit sofort von dem Gegenstand des Denkens abgelenkt und ich sehe zu, welche Ursache der Schmerz hat. Der tiefste Denker würde durch einen Floh unweigerlich aus seiner genialsten Geistestätigkeit herausgerissen werden und hätten wir nicht die Hilfsmittel, um uns die Quälgeister aus dem Reiche der Insekten vom Leibe zu halten, so stände es sicher schlechter um unsere Kultur, denn ein grosser Teil unserer Geistesarbeit könnte kaum geleistet werden. Man versuche nur einmal an einem mückengesegneten Orte im Freien ein wissenschaftliches Buch zu lesen. Man wird erstaunlich wenig Ge-dankenarbeit dabei leisten können. Der Schmerz, den die Mückenstiche verursachen und die Furcht vor ihm, verhindert alle andere Tätigkeit. Die Arbeit, sich die Quälgeister vom Leibe zu halten, kann man nicht nebenher leisten, wie das Atmen, Sitzen und Umschlagen der Blätter, die Aufmerksamkeit wird immer wieder auf diese Arbeit gerichtet. Und wieder sehen wir dabei ein Gefühl in Tätigkeit. Der Schmerz verlangt Beachtung und zieht die Aufmerksamkeit auf sich.

Und ein Mückenstich verursacht doch keinen erheblichen Schmerz, trotzdem übertrifft das Gefühl, das dieses geringfügige Ereignis verursacht, an Stärke so leicht das Interesse, das wir unserem Buche entgegenbringen. Denn nur darum kann es sich handeln, wenn unsere Aufmerksamkeit durch das Gefühl abgelenkt wird. Unser Interesse am Lesen muss geringer sein, als der Trieb den Schmerz abzuwehren, denn das Gesetz der Aufmerksamkeit lautet: „Die Aufmerksamkeit richtet sich auf die Tätig-keit, die von dem im Augenblicke stärksten Triebe verlangt wird", was ganz dasselbe sagt wie „Die Lenkung der Aufmerksamkeit geschieht durch die Gefühle. Das stärkste Gefühl lenkt die Aufmerksamkeit auf sich oder vielmehr auf die Tätigkeit, die der Trieb verlangt, der in dem Gefühl bewusst wird".

Von den mannigfaltigen Tätigkeiten, die unser Gehirn stets gleichzeitig leisten muss, kann immer nur eine mit Aufmerksamkeit vollzogen werden und die Auswahl trifft hierbei nur das Gefühl. Man spricht angesichts dieser Tatsache von einem Gesetz des Interesses. Das Wort „Interesse" hat in der Umgangsprache einen doppelten Sinn erhalten, es bezeichnet einmal die Aufmerksamkeit und das andere Mal unser Begehren, unser Wünschen und es ist bezeichnend, dass man die Tatsache, dass jemand seine Aufmerksamkeit einer Sache zuwendet und die andere, dass etwas in den Bereich seiner Wünsche fällt, mit demselben Worte bezeichnen kann. Wir wenden eben unsere Aufmerksamkeit ausschliesslich dem zu, was zu unseren Wünschen gehört oder in irgend einer Beziehung zu ihnen steht.

Nun können wir den Zweck der Gefühle und am besten den des Schmerzes verstehen und gewinnen meiner Überzeugung nach damit auch einen Einblick in seine Entstehung und Entwickelung. Die grosse Mannigfaltigkeit von nervösen Funktionen, die jedem höheren Organismus gegeben sind, macht die Einrichtung der Aufmerksamkeit notwendig. So lange das Leben auf Reflexbewegungen beruht, brauchen sich die vorhandenen Funktionen nicht gegenseitig zu stören. Anders wird es aber, wenn die Bewegungen zu eigentlichen Tätigkeiten und Handlungen werden, wenn sie auf Grund der Erfahrung abänderungsfähig werden, wenn das Gedächtnis in den Dienst der Reaktionen auf die Reize tritt. Je verwickelter jetzt die Handlungen werden, die zur Befriedigung der Triebe dienen, je mehr die Erfahrungen herangezogen werden, die das Wesen früher gemacht hat, um sich im neuen Falle zweckentsprechend zu benehmen, um so mehr wird es nötig, dass aus der Unzahl gleichzeitig im Gehirn ablaufender Leistungen, in jedem Augenblicke eine einzelne herausgehoben wird. Der Nutzen der Erfahrung beruht auf der Vergleichung des gegenwärtigen Falles mit früheren gleichen oder ähnlichen und eine Intelligenz, die über eine sehr mannigfaltige Erfahrung auf den verschiedensten Gebieten, einen grossen Gedächtnisschatz verfügt, ist, je mehr dieser Schatz sich vermehrt, um so mehr darauf angewiesen, in jedem Augenblicke eine Auswahl zu treffen und die Aufmerksamkeit ist die Einrichtung, die diese Tätigkeit leistet. Sie schützt uns vor Verwirrung, · indem sie hervorhebt, was wir gerade brauchen und zurücktreten lässt, was nicht zur Sache gehört.

Wir brauchen aber immer das, was dem Triebe dienen kann, der im Augenblick der stärkste ist. Wenn wir Hunger haben, ist es notwendig, dass wir alle unsere Kräfte, also auch die geistigen, in den Dienst der Nahrungssuche stellen. Und nun meldet sich der Nahrungstrieb dem Bewusstsein immer stärker und stärker in dem Gefühl des Hungers, bis die Aufmerksamkeit sich ausschliesslich auf ihn richtet. Dass wir Kulturmenschen die höheren Grade des Hungergefühls meist vermeiden, ist der vorbeugenden Tätigkeit unseres Verstandes zuzuschreiben, dass aber das Hungergefühl trotzdem nicht entbehrlich geworden ist, bedarf keines Beweises.

Nun wissen wir, weshalb der Schmerz ein so starkes Gefühl ist. Es ist kein Zufall, dass geringfügige Reize, wie manche Verletzungen sind, ein Gefühl hervorbringen können, das leicht alle anderen übertrifft und uns vollständig aus der Fassung bringen kann. Es soll und es wird durch das Schmerzgefühl die Aufmerksamkeit schon auf geringfügige Verletzungen hingezogen. Alle Kräfte des Organismus müssen in den Dienst des Schutz- und Abwehrtriebes treten, um unseren Körper vor Schaden zu bewahren. Wenn wir noch so vertieft sind in irgend eine Beschäftigung, wenn unsere Aufmerksamkeit noch so sehr in Anspruch genommen ist, so genügt ein geringer Schmerz schon, um uns zu gemahnen, dass wir uns hüten und wehren. Wie schlecht wäre es um ein Lebewesen bestellt, das sich in einen Gegenstand, z. B. beim Auflauern der Jagdbeute, oder beim Nestbau, oder in irgend etwas, was seine Neugierde erregt, vertiefen würde und inzwischen keinen Warner vor Schaden für seinen eigenen Körper hätte.

Ich hoffe, dass nicht etwa in diesen Ausführungen ein Widerspruch gefunden wird gegen die Anschauung, dass in dem Gefühl nur der Trieb bewusst wird, da wir jetzt doch das Gefühl als unmittelbare Veranlassung mannigfacher Handlungen antreffen. Die Tätigkeit wird vom Trieb verlangt und vorgeschrieben. Er kann oft befriedigt werden, ohne dass die Aufmerksamkeit auf ihn gelenkt wird, ohne dass überhaupt ein Bewusstseinsvorgang dabei stattfindet. Ich kann eine Mücke abwehren, ohne mich stören zu lassen. Aber findet der Trieb eine Hemmung oder tritt ein Abmühen auf, das mit einem starken Gefühl verbunden ist, so kündigt sich das dem Bewusstsein sofort an und damit wird die Aufmerksamkeit gewonnen und nun kann die ganze Erfahrung und Kraft in den Dienst des Triebes, der Befriedigung verlangt, gestellt werden. Man muss nur immer die ursprünglichen Verhältnisse von den verwickelteren unterscheiden, in denen der Trieb nur noch als Zielsetzer vorhanden ist, die Handlung aber mannigfaltig ausfallen kann und das Ziel des Triebes oft auf grossen Umwegen erreicht wird.

Der Übergang von der Instinktbewegung zur Triebhandlung ist allerdings durchaus rätselhaft. Aus der eindeutigen Beantwortung bestimmter Reize mit zweckentsprechenden, aber kaum wechselnden Bewegungen geht das Verhältnis hervor, das wir beim Menschen und den höheren Tieren überwiegend antreffen, wo von dem Instinkt nur noch der Trieb übrig geblieben ist, der das Ziel der Handlung bestimmt, die

Wege zu ihm aber ganz offen lässt und von der Erfahrung und Übung bestimmen lässt. Für mich liegt hierin eines der grössten Rätsel des menschlichen Nerven- und Seelenlebens, obgleich ich weit entfernt bin, die Bedeutung der Instinktbewegungen, die in uns noch erhalten sind und namentlich während der Kindheit wirken, zu unterschätzen. Wir stecken ganz reflex- oder instinktmäfsig die Speisen in den Mund. Wir brauchen nicht zu lernen, dass sie dorthin gehören. Wir lernen höchstens, wenn wir heranwachsen, die Tatsache kennen, dass wir auf diesem Wege unseren Hunger stillen.

Aber sollte dieses Verhältnis durchgängig vorhanden sein? Dann müssten wir unsere Anschauungen über den Instinkt noch ganz anders revidieren. Die Tatsachen selbst sind ganz offenkundig, so wenig wir eine Erklärung zu geben imstande sind. Wir leben für bestimmte Ziele, die unsere Triebe uns setzen. Wie das geschieht, davon haben wir keine Ahnung. Man vergesse aber nicht, dass wir von der etwaigen Physiologie des Gefühls, das ja für das Bewusstsein der Vermittler ist, zu wenig wissen, um die Zusammenhänge schon aufklären zu können. Doch fahren wir in der Erörterung der Tatsachen fort.

Wie sich die einschlägigen Erfahrungen einstellen, wenn unsere Aufmerksamkeit sich auf einen Gegenstand richtet, so wird auch die Ansammlung der Erfahrung von den Gefühlen beeinflusst, vielleicht unmittelbar, möglicherweise aber nur durch die Lenkung der Aufmerksamkeit, die ausschliesslich Sache der Gefühle ist. Für die Aufbewahrung eines Ereignisses im Gedächtnisschatz ist es von grösster Bedeutung, ob die Aufmerksamkeit auf den einzuprägenden Gegenstand gerichtet ist oder ob er uns gleichgültig ist. Jedermann weiss, dass Ereignisse, die auf ihn einen grossen Eindruck gemacht haben, sich seinem Gedächtnis unauslöschlich einprägen. Wiederum treffen wir hier auf eines der vielen Rätsel unseres Seelenlebens. Die Tatsache selbst ist aber gar nicht zu bezweifeln, so weit wir von ihrer Erklärung auch entfernt sind. Wie das Gefühl die Aufmerksamkeit auf das lenkt, was der Trieb verlangt, so prägt das Gefühl oder vielleicht die Aufmerksamkeit dieselben Vorgänge dem Gedächtnisse viel energischer ein, als es sonst mehrfache Wiederholungen leisten können. Diese Bevorzugung der von starken Gefühlen begleiteten Vorgänge hat natürlich für den Organismus denselben Nutzen, wie die Lenkung der Aufmerksamkeit selbst, besonders da das Gefühl als solches geeignet ist an Ereignisse zu erinnern, die bei demselben Gefühlszustande früher stattfanden.

Wegen dieser Einwirkung der Gefühle auf die Gedächtnistätigkeit kann man aus schmerzhaften Vorgängen sehr schnell lernen. Die erwähnte Erziehungsmethode, einem Kinde eine kleine Brandwunde zuzufügen, um es vor dem Feuer zu warnen, kann nur durch diese Eigenschaft der Gedächtnisfunktion so. schnell zum Ziele führen. Wir werden diese Nutzbarmachung des Gefühls im nächsten Abschnitt weiter verfolgen.

Wir haben jetzt im Verfolge unserer Betrachtung herausgefunden, dass die Stärke des Gefühls einen entscheidenden Einfluss hat bei seinem Wirken. Dasjenige Gefühl setzt sich durch, das im Augenblick das stärkste ist und diese Bevorzugung gilt nicht nur für den Augenblick, sondern sogar für die Zukunft, denn das Gedächtnis bewahrt die Erfahrungen, die mit starken Gefühlen einhergingen, am besten auf. Es findet also in unserer Seele ein Kampf der Gefühle statt, die verschiedenen Gefühle suchen sich gegenseitig zu verdrängen. Sie verbinden sich nicht, sondern bekämpfen einander und suchen sich den Vorrang streitig zu machen. Dieses Verhältnis wird nur dadurch oft überdeckt, dass aus dem Bewusstwerden des Kampfes selbst ein neues Gefühl entsteht, am häufigsten das des Zweifels.

Dass ein Gefühl stärker oder schwächer sein kann, weiss jeder aus eigener Erfahrung. Vom leisesten Schmerz eines Nadelstiches bis zu der Pein einer grösseren Verbrennung kommen alle Zwischenstufen in der Stärke des Schmerzes vor und so ist es bei jedem anderen Gefühl. Abgesehen von diesem Wechsel der Stärke, die jedem Gefühlsvorgang zukommt, hat aber noch jedes Gefühl eine gewisse mittlere Stärke von vornherein und unabänderlich. Der Schmerz ist in jedem Falle ein starkes Gefühl und zwar kann er in seiner ganzen Stärke im Augenblick auftreten. Selbstverständlich hängt das damit zusammen, dass der Abwehrtrieb schnell befriedigt werden muss. Nicht um uns Menschen zu plagen ist die Pein des Schmerzes in die Welt gesetzt. Dass viele Krankheiten Schmerzen erzeugen, ist ein Zufall, wie wir bei Betrachtung der Schmerzreize noch sehen werden.

Nur wenn wir das normale Leben im Auge haben, auf das der Organismus eingerichtet ist, können wir einen Einblick in die Bedeutung des Schmerzvorganges gewinnen und hier allein finden wir den Schlüssel für die grosse Stärke des Gefühls, die von allen Psychologen, die sich überhaupt über solche Fragen äussern — was erstaunlicherweise die wenigsten für nötig halten —, als durchaus rätselhaft bezeichnet wird. Der Kampf der Gefühle um die Aufmerksamkeit erklärt ihr Stärkeverhältnis und gerade in den Stärkeverhältnissen der Gefühle erkennen wir am deutlichsten ihre innige Abhängigkeit von den Trieben. Der Trieb zeigt sich im Bewusstsein in keiner anderen Form denn als Gefühl. Der intelligente Mensch, der nur das Gefühl in seinem Bewusstsein kennt und gelernt hat, auf welchem Wege er es beseitigen oder wieder suchen kann, bildet sich daher ein, die Gefühle veranlassten ihn zu den Handlungen. Den Trieb kennt er nicht.

Schmerz und Leid.

Unser ganzes Bewusstseinsleben hat etwas Zerhacktes und Fragmentarisches an sich. Die verwickeltesten Vorgänge sind dem Bewusstsein stets etwas ganz einfaches und einheitliches, es stellt sich diese Einheit, wo sie nicht vorhanden ist, künstlich her und aus den entferntesten Dingen, die in Wirklichkeit gar nichts mit einander zu tun haben, kann es sich eine Einheit zurechtlegen. Nichts ist daher trügerischer, als wenn man in einem Vorgang nur das sieht, was dem Bewusstsein unmittelbar an ihm gegeben ist.

Eines der krassesten Beispiele eines Irrtums, zu dem eine derartige einseitige Betrachtung unseres Gehirn- und Seelenlebens geführt hat, ist die Anschauung, dass alles Gefühl nur in einem Schwanken zwischen „Lust" und ihrem Gegensatz, wissenschaftlich „Unlust" genannt, bestehe. Nur die Beschränkung auf die unmittelbarsten Bewusstseinsinhalte konnte dieser Lehre überhaupt das Leben geben, die behauptet, in der Mannigfaltigkeit unseres Gefühlslebens sei weiter nichts Gefühl als das Angenehme oder Unangenehme, was jedes Gefühl enthält oder enthalten soll. Alles andere seien begleitende Umstände, Empfindungen, die mit dem Gefühl stets zusammentreffen, oder gar Vorstellungen, die zu ihm gehören sollen.

Nach dieser Lehre wäre der Schmerz „Unlust", verbunden mit der Empfindung oder Wahrnehmung des Reizes, der den Schmerz verursacht. Ekel wäre ebenfalls „Unlust", verbunden mit verschiedenen Empfindungen im Magen oder mit gewissen Geschmack- und Geruchwahrnehmungen. Hunger ist dann auch nur „Unlust". Gram, Leid und Unzufriedenheit, Müdigkeit und Überdruss, Reue, Scham, Zweifel und Ungeduld, Zorn und Wut, das alles ist nur Unlust, nur verbunden mit verschiedenen Empfindungen oder gar Vorstellungen. Eine selbstverständliche Folgerung aus dieser Lehre ist natürlich noch, dass Schmerz und Leid — so will ich den seelischen Schmerz nennen — dasselbe ist. Wenn jemand also einen lieben Angehörigen betrauert, so ist danach sein Gefühl dasselbe, wie wenn er sich die Hände verbrannt hat. Nur die Empfindungen und Vorstellungen sind andere.

Nun wissen wir schon aus den bisherigen Erörterungen über Empfindung und Gefühl, wie ungemein schwer es ist, das eigentliche Gefühl von den Vorgängen zu trennen, mit denen es im Bewusstsein stets verbunden auftritt. Dem Bewusstsein ist stets Zusammenfallendes auch eine wirkliche Einheit. Beim körperlichen Schmerz liegt tatsächlich eine Zusammengehörigkeit einer Empfindung, eines Triebes und eines Gefühls vor, weil bei dieser primitiveren Funktion der Trieb durch ganz bestimmte Reize ausgelöst wird. Trotzdem ist auch am Schmerz herauszufinden, was daran Empfindung und was Gefühl ist.

Unzweifelhaft hat aber im Bewusstsein das Unangenehme des Schmerzes so sehr die Oberhand, dass bei höheren Graden des Gefühls alles andere dagegen zurücktritt. Das Wachstum des Gefühls beruht gewissermaßen nur auf einer Zunahme des Peinigenden und der Trieb meldet sich, je lebhafter er wird, durch die immer stärkere Betonung des Unangenehmen. Die Aufmerksamkeit wird immer gewaltiger ausschliesslich auf den Trieb - Gefühlsvorgang hingezogen und das geschieht, indem sich die. Pein, die die Hemmung eines Triebes bewirkt, immer stärker und zwingender dem Bewusstsein aufdrängt.

Was sollte aber wohl bei diesem Vorgang anderes immer mehr im Bewusstsein betont werden, als das Peinigende an dem Zustand? Wer die höchsten Grade des Hungers erleidet, erlebt schliesslich nur noch eine furchtbare Pein, die der des Schmerzes durchaus ähnlich werden kann. Ich gebe zu, dass alle unangenehmen Gefühle in den höchsten Graden einander ähnlich werden. Aber wenn der Verhungernde und der Schmerzgefolterte ähnliche Bewusstseinszustände durchmachen, so erleben sie nicht mehr bloss Hunger und Schmerz, sondern die Ähnlichkeit beruht auf der Hemmung aller Funktionen, der Pein der Lebensbedrohung und der Vernichtung, die beiden Erlebnissen gemeinsam ist.

Die Pein der Lebensbehinderung, der Hemmung der natürlichen Funktionen wird in den höheren Graden des Gefühls selbstverständlich das zu immer stärkerer Betonung kommende Moment am Gefühlsvorgang sein müssen. Dass deswegen dieses Peinigende das einzige sein sollte, was am unangenehmen Gefühl als Gefühl bezeichnet werden darf, dafür kann diese Bevorzugung im Bewusstsein meines Erachtens durchaus nicht maßgebend sein. Ob jemand an dem Gefühl der Trauer um einen Angehörigen, einem Gefühl, das ebenso peinigend werden kann wie mancher Schmerz, eine Ähnlichkeit mit dem körperlichen Schmerz herausfindet oder nicht, ist natürlich ein ganz subjektives Vergleichsurteil. Aber körperlicher Schmerz kann sich zum seelischen Leid hinzugesellen und diese Tatsache genügt meines Erachtens, um die „Lust-Unlustlehre" als Irrtum zu erweisen.

Wenn der vom schwersten Leid Gebeugte sich die Finger verbrennt, so wird der Schmerzvorgang sich genau so abwickeln, wie wenn das Leid gar nicht vorhanden wäre. Im Augenblick der Verbrennung wird der Schmerz überwiegen, das Schmerzgefühl verdrängt das Leid, genau wie es den Jubel, etwa bei einem Mädchen über die Verlobung, verdrängen würde, wenn der Schmerzreiz genügend gross ist. Wenn Unlust immer Unlust, Lust nur Lust und weiter nichts wäre, müsste das Verhältnis ganz anders ausfallen.

Freilich wird der von seelischem Schmerz stark Bedrückte einen geringeren Schmerz eher unbeachtet lassen, als wer im Augenblicke von

jeder Erregung frei ist. Die Gefühle kämpfen eben um den Vorrang
und die Stärke gibt den Ausschlag.

Und noch eine Erscheinung trägt zur Verwickelung bei. Seelisches
Leid ist ein Gefühl von gewöhnlich sehr langer Dauer. Selbstverständlich dauert nach der hier vorgetragenen Anschauung das Gefühl nur so
lange, wie der Trieb, den es dem Bewusstsein anzeigt, wirksam ist.
Bei Kindern ist das Leid meist kurz, sie finden für das Vermisste schnell
Ersatz, der Trieb, dessen Hemmung das Leid auslöste, wird also auf
andere Weise schnell wieder befriedigt. Anders ist es beim Erwachsenen,
wenn er einen Verlust erleidet. Das Vermisste wird lange nicht ersetzt
und der Trieb, dessen Befriedigung das Vermisste diente, kommt nicht
zur Ruhe. Das zeigt sich aber dem Bewusstsein in dem Gefühl immer
wieder an. Freilich schwankt im Gebiete des höheren Trieblebens die
Stärke der Triebe und Gefühle von Person zu Person in sehr weiten
Grenzen und wir finden Menschen, die den Kindern in der Fähigkeit,
sich über Verluste hinwegzusetzen, nichts nachgeben.

Nun gibt es kaum einen Menschen, der nicht schon ganz unersetz-
bare Verluste erlitten hätte, der nicht Fehler gemacht, die nicht mehr
gut zu machen sind, der nicht in seinen Hoffnungen enttäuscht und in
seinen Erwartungen betrogen worden wäre. Gelegentlich stürmt das
alles auf den Menschen wieder ein und wir bezeichnen den Zustand, von
dem die Wahl der Erinnerungen abhängt, als Stimmung. Ein Gefühl
kann uns an Dinge erinnern, die mit ihm früher einmal einhergingen
und deshalb pflegen in schlechter Stimmung sich die unangenehmen
Erinnerungen und Befürchtungen einzustellen. Die Mattigkeit nach
einer schlecht verbrachten Nacht kann uns die Stimmung verderben.
An anderen Tagen dagegen fühlen wir uns frisch und mutig, schauen
voller Hoffnung ins Leben und angenehme Erinnerungen strömen uns zu.

In solcher Stimmung werden wir freilich auch einen körperlichen
Schmerz, wenn er nicht zu stark ist, viel weniger beachten als in der
entgegengesetzten. Wenn unsere Kinder in ausgelassener Laune lachen
und tollen, dann können sie sich schon einmal den Kopf zerschellen,
sie lachen oft noch darüber. Sind sie dagegen griesgrämig, so geht
das Geheul gleich los. Aber das erklärt sich doch aus dem Kampf,
den die Gefühle um die Herrschaft im Bewusstsein führen. Ein schwächerer
Schmerz wird schnell verschwinden vor der Lust des frohen Spiels.
Aber mag der Schmerz nur etwas heftiger sein, mag sich das Kind ein
Beulchen geholt haben, dann wird es mit dem Jubel schon aus sein.

Die Gefühle addieren und subtrahieren sich nicht unter einander,
wie es die Lust-Unlustlehre erwarten liesse. Ein unangenehmes Gefühl
verdrängt nur vielleicht ein gerade entgegengesetztes angenehmes schwerer
als ein ähnliches. Keineswegs aber addieren sich Gefühle, wenn sie
zusammentreffen. Der Leidgebeugte fühlt einen körperlichen Schmerz,

Ekel, Zorn usw. genau so gesondert, wie in freier Gemütsverfassung.
Nur wird er durch derartiges Ungemach in seinem Gram natürlich noch
bestärkt „In dieser Stimmung fehlt mir das gerade noch", würde man
bei einem solchen Vorkommnis sagen.

In langdauernder mit Schmerz verbundener Krankheit wird natürlich kein Mensch guter Stimmung sein. Hier dauert aber abnormerweise
der Schmerz sehr lange an, es kommt hinzu die Schwäche oder Furcht
vor Tod oder dauerndem Verlust der Kräfte und die Störung der Lebens-
weise und Funktionen. Der normale Verletzungsschmerz geht schnell
vorüber und sowie er beseitigt ist, kann die Stimmung gerade ins
Gegenteil umschlagen, während das Leid nur allmählich nachlässt. Wir
sind sogar imstande, uns über einen vorübergegangenen Schmerz zu
freuen.

Einen Gegensatz des Schmerzes gibt es höchstens in diesem Sinne,
denn wenn wir an allen Gliedern heil sind, so haben wir davon gewöhnlich überhaupt kein Gefühl. Vom Leid kann man eher behaupten,
dass ihm als Kontrastgefühl die Freude, bei höheren Graden „Wonne,
Jubel, Entzücken, Seligkeit" usw. genannt, gegenüberstehen. Die
deutsche Sprache hat, nebenbei bemerkt, bedeutend mehr Ausdrücke für
die Freude als für das Leid — Pessimisten behaupten irrigerweise das
Gegenteil. Im Grunde ist aber die ganze Gegenüberstellung etwas miss-
lich. Es gibt Naturen, bei denen Leid und Freude sehr zu ungunsten
des einen der beiden Gegensätze ausgebildet sind. Auch im Gebiete der
sogenannten höheren Gefühle besteht ein wirklicher Kontrast nicht
durchgehends, am wenigsten aber entspricht jedem einzelnen Gefühlsvorgang ein Gegensatz oder besteht gar eine Neigung der Gefühle, in
ihr Gegenteil umzuschlagen. Einen eigentlichen Gegensatz hat nur das
Gefühl, das der Entscheidung dient, ob etwas einen Trieb befriedigen
kann oder nicht. Auch im Bereiche der höheren Gefühle ist häufig wie
beim Schmerz ein Gefühl ausgebildet, das zum Gegensatz gar nichts als
das Freisein von Gefühl hat. So nennt man wohl die Gleichgültigkeit
den Gegensatz der Ungeduld. Gleichgültigkeit ist doch aber kein Gefühl,
es ist gerade das Fehlen eines solchen. Das sogenannte Kontrastprinzip
der Gefühle hat also nur insofern eine gewisse Berechtigung, als das
blosse Aufhören eines Gefühls bei der Art unserer Beurteilung schon
einem Gegensatz gleichkommt, auch wenn gar kein neues Gefühl an die
Stelle des aufhörenden tritt. Wir haben kein absolutes Maſs für die
Dinge, wir vergleichen stets, wenn wir urteilen.

Die Lehre, dass die Gefühle sich sämtlich in Gegensätzen bewegen,
ist ein Schema, das den Tatsachen Gewalt antut. Wir finden sämtliche,
auch die sogenannten höheren Gefühle, nur in Abhängigkeit von dem
Triebleben und dieses bewegt sich durchaus nicht in Gegensätzen.
Eigentlich nur im Gebiete des Nahrungstriebes bestehen schroffe Gegen-

sätze und dass ein Gefühl in sein Gegenteil umschlägt, ist wohl von den Tatsachen der Sättigung und Übersättigung abgeleitet. Wahr ist es, dass die meisten Lustgefühle einer ähnlichen Gefahr unterliegen. Selbstverständlich liegt das nur am Charakter der Triebe.

Wir sind hier an der Quelle des Pessimismus. Ein schnell befriedigter Trieb gewährt oft wenig Lust, und weil ein nicht befriedigter Trieb sich immer wieder meldet und dauernd als Gefühl im Bewusstsein anpocht, so kann es geschehen, dass bei vielen Menschen die unangenehmen Gefühle vor den angenehmen überwiegen. Ein für das ganze Leben versagter lebhafter Wunsch kann die Schale des Leids so viel vor der der Lust beschweren, dass grosse Erfolge dazu gehören würden, das Gleichgewicht wieder herzustellen. Weniger als solchem seelischen Leide ist aber dem Schmerz, obgleich er unzweifelhaft das unangenehmste Gefühl ist, die Schuld an diesem ungünstigen Verhältnis zuzuschreiben. Der Schmerz geht vorüber und wird ganz vergessen. Manche Frau sagt in ihrer schweren Stunde, es werde nicht mehr vorkommen, und ist übers Jahr in derselben Lage. Auch dass der Schmerz keinen Gegensatz hat, darf nicht als Stütze des Pessimismus angeführt werden, denn es gibt auch angenehme Gefühle ohne unangenehmen Gegensatz. Wer wirklich kränklich ist, kommt dabei nicht in Betracht. Ein normaler Mensch ist durchschnittlich im Jahre vielleicht 10 Tage etwas leidend, oft aber viele Jahre ununterbrochen im Vollbesitz seiner Kräfte und seiner Gesundheit. —

Noch haben wir keine einzige Eigenschaft aufgefunden, in der das Leid mit dem Schmerz übereinstimmt, ausser dass beides unangenehme Gefühle sind. Mehr oder weniger angenehm oder unangenehm müssen alle Gefühle sein, in diesem Punkte stimmen also sehr verschiedene Gefühlsvorgänge überein. Und sehen wir von dieser Seite ab und betrachten die anderen Eigenschaften des Schmerzes und des Leides, so werden wir sogar einen scharfen Gegensatz zwischen ihnen herausfinden. Der Schmerz versetzt in Erregung, man rast vor Schmerz. Das Leid dagegen hemmt alle Tätigkeit, es drückt nieder, es erschlafft und beraubt aller Energie. Kein Mensch rast vor Leid. Der Ausdruck des Leides ist daher auch dem des Schmerzes gar nicht ähnlich. Hier finden wir Spannung der Muskeln, das Leid charakterisiert sich durch ihre Erschlaffung, der Leidtragende sinkt zusammen, er lässt den Kopf hängen und er vergiesst Tränen.

Unserer Anschauung gemäfs suchen wir die Erklärung für den Charakter der Gefühle in dem Triebvorgang, der ihnen zugrunde liegt. Der Schmerz ist der Bewusstseinsausdruck des Abwehrtriebes. Als solcher ist er am nächsten verwandt mit Zorn und Wut und tatsächlich gesellt sich dieses Gefühl leicht zu dem Schmerz, auch in den Fällen, wo die Wut gar nichts nutzt. Der Mensch bäumt sich trotzdem auf

gegen den Schmerz, wenn auch in ohnmächtiger Wut. Das Leid tritt
ein, wenn etwas verloren ist. Da dürfen wir auch keinen Anreiz zu
Tätigkeit erwarten. Dem Leid verwandte Gefühle sind Furcht und
Schrecken, die den Menschen lähmen, im Gegensatz zu Zorn und Wut.

Wir sehen aus diesen Bemerkungen, dass das Leid zu einer ganz
anderen Klasse von Gefühlen gehört als der Schmerz. Die Gefühle in
angenehme und unangenehme einzuteilen, hat meines Erachtens gar
keine wissenschaftliche Bedeutung. Es ist so wenig wahr, dass an dem
Gefühlsvorgang nichts weiter Gefühl ist als Lust und Unlust, dass es
vielmehr Gefühle gibt, an denen dieser Bestandteil ganz zurücktritt
gegenüber der Erregung und Hemmung. Am Zorn ist die Erregung
die Hauptsache und darin ist der Schmerz sein naher Verwandter, obgleich bei ihm doch das Unangenehme so stark ist wie bei keinem
anderen Vorkommnis. Und oft genug kann eine Erregung, selbst eine
leicht zornig gefärbte, äusserst angenehm sein.

Wer die Gefühle als Einrichtungen unseres Organismus betrachtet
und ihren Zusammenhang mit den Bedürfnissen und Funktionen unseres
Lebens vor Augen hat, wird gar nicht auf den Gedanken kommen, dass
es nur ein Lust- und ein Unlustgefühl gibt. Die verschiedenen Gefühls-
einrichtungen, wie Schmerz, Hunger, Liebe, Ehrgeiz, könnten neben-
einander hergehen, ohne sich zu stören und damit einen Vergleich
überhaupt herauszufordern, wenn sich die Triebe nicht häufig störten,
weil nicht immer alle, die sich gleichzeitig melden, befriedigt werden
können. Nur hierdurch entsteht ein Kampf zwischen den Trieben und
damit setzt die Ausbildung und Entwickelung der Gefühle ein, die im
Bewusstsein dem Triebleben entsprechen.

Wie sollte nun ein Kampf der Gefühle überhaupt denkbar sein,
wenn die verschiedenen Gefühle sich nur darin unterschieden, dass sie
mehr oder weniger angenehm oder unangenehm sind? Es müsste sich
dann doch alles angenehme addieren, und betrachtet man gar die Lust
als die positive, die Unlust als die negative Seite des einen einheitlichen
Gefühlsvorgangs, den es dann nur gibt, so wäre gar eine Kompensation
zu erwarten, bei der gelegentlich Plus und Minus null geben müsste.
Von all dem tritt aber in Wirklichkeit nichts ein, wie jeder an sich
und anderen leicht beobachten kann.

Der Schmerz, das stärkste Unlustgefühl, ist überhaupt nichts
weniger als etwas Negatives. Es gibt im Gegenteil wenige Gefühle, die
so viel Energie frei machen wie der Schmerz. Eher könnte das Leid
als etwas Negatives angesehen werden. Aber was können wir überhaupt von einer derartigen mathematischen Betrachtung an Erklärungen
über unseren Gegenstand erwarten? Kann ein Gefühl überhaupt positiv
oder negativ sein? Diese Betrachtung hätte vielleicht einen Sinn, wenn
die Gefühle wirklich Gegensatzpaare darstellten, was einfach nicht wahr

ist. Nimmt man die Ausdrucksweise noch so übertragen, so verführt
sie doch leicht zu Schematisierungen, wie die Gefühlskurven zeigen, die
in den Lehrbüchern der Psychologie auftauchen, wo der Übergang von
Lust zu Unlust durch einen Nullpunkt hindurch so schön aufgezeichnet
wird, wie er sicher im lebenden Menschen nie vorkommt. Ein Gefühl
geht im konkreten Falle niemals in sein Gegenteil über, es wird nur
oft von anderen Gefühlen, oft aber auch von Gefühlsfreiheit abgelöst.
Eine Neigung zum Wechsel zwischen Gefühlsgegensätzen kommt nur
bei kranken Menschen vor.

Einer mathematischen Behandlung zugänglicher wäre vielleicht das
Stärkeverhältnis der Gefühle, Intensitäten sind ja die eigentliche Domäne
der Mathematik. Freilich sind die Beziehungen der verschiedenen Gefühle,
wenn sie miteinander kämpfen, nicht so eindeutig, dass die Aufstellung
von Gleichungen eine einfache Aufgabe abgeben dürfte. Wir können
diese Verhältnisse hier nicht weiter verfolgen. Erwähnt sei nur noch
eine Folgerung aus der Tatsache des Wettkampfes der Gefühle.

Die durchschnittliche Stärke der verschiedenen Gefühle muss abhängig sein von der Gesamtausbildung des Gefühlslebens überhaupt.
Ein Wesen, das nur wenige ganz einfache Gefühle hat, die sich selten
kreuzen, hat auch nur sehr schwache Gefühle und je höher sich das
Gefühlsleben entwickelt, je mehr es sich sondert und verfeinert, um so
stärker muss im Durchschnitt auch jedes einzelne Gefühl werden, wenn
es nicht verdrängt werden will. Wir wissen, dass sehr verfeinerte
Naturen auch durchweg starke Gefühle haben, sie sind auch für körperlichen Schmerz viel empfänglicher als rohere Naturen.

Nicht anders wird es wahrscheinlich in der gesamten Lebewelt
sein. Deswegen hat wohl kein Tier so heftige Schmerzen wie der
Mensch und je weiter wir in der Tierreihe herabsteigen, um so schwächer
ist wahrscheinlich der Schmerz wie jedes andere Gefühl. Wer Kaninchen
beobachtet hat, wird gar nicht zweifeln, dass schon hier der Schmerz
die Gewalt nicht haben kann wie beim Menschen. Weil der Mensch
von allen Geschöpfen die meisten Gefühle hat — ein Satz, an dessen
Richtigkeit gar kein Zweifel möglich ist —, sind die seinen die stärksten,
und gerade der Schmerz musste eine solche Höhe erreichen, weil der
Mensch am meisten durch andere Triebe abgelenkt werden kann und er
der Gefahr, an seinem Körper Schaden zu nehmen, wenn seine Aufmerksamkeit in Anspruch genommen ist, am meisten ausgesetzt ist.

Der Schmerz zeigt deshalb auch keinerlei Neigung sich abzu-
schwächen, wenn er sich häufig wiederholt, genau so wenig wie der
Hunger oder ein anderes primitiveres Gefühl. Der Abwehrtrieb bleibt
sich immer gleich wie der Nahrungstrieb. Wenn sich das Leid allmählich abschwächen kann, so liegen verwickeltere Verhältnisse vor.
Entweder wird der Trieb, dessen Hemmung das Leid anzeigte, ander-

weitig befriedigt, oder es handelt sich um einen Trieb, der nicht zu den unbedingten Lebensbedürfnissen gehört. Der Verlauf des Gefühls geht ganz parallel dem Triebvorgang.

Aus diesem Grunde gibt es auch keine eigentliche Abhärtung gegen den Schmerz. Nur mittelbar kann eine solche in einigen Fällen erreicht werden, z. B. durch ein Härterwerden der Haut bei schwer arbeitenden Menschen. Die stärkere Schutzhülle, die sich hier bildet, ist die Wirkung des dauernden Drucks, sie ist ein grosses Hühnerauge und zum Teil besteht sie aus den Narben vieler kleiner Verletzungen. Eine Abhärtung ist also nur mittelbar erreicht.

Nur im Alter scheint die Stärke des Schmerzes um ein geringes nachzulassen, wie überhaupt im höheren Alter die Gefühle an Lebhaftigkeit verlieren. Dies trifft aber die höheren Gefühle in noch stärkerem Maße als den Schmerz, die gemütliche Stumpfheit der Greise setzt den Unkundigen oft in Erstaunen.

Das Schmerzgedächtnis.

In der Einleitung wurde bereits darauf hingewiesen, eine wie unvollkommene Vorstellung wir vom Schmerz haben, wie überraschend gross der Unterschied zwischen dem vorgestellten und dem wirklich gefühlten Schmerz ist. Eine Vorstellung nennt man den Bewusstseinsinhalt, den das Gedächtnis nach früher stattgehabten Empfindungen, Wahrnehmungen und Gefühlen zu späterer Zeit herzugeben vermag. Wir haben an dieser Stelle zu untersuchen, wie weit das Gefühl in den Gedächtnisschatz aufgenommen wird und wie es hier nutzbar gemacht wird.

Dass das Gefühl für die Gedächtnistätigkeit von grosser Bedeutung ist, haben wir bereits gesehen. Fanden wir doch, dass stark gefühlsbetonte Eindrücke sich dem Gedächtnis mehr einprägen als gleichgültige. Jeder weiss, dass eine Sache, die ihn aufgeregt hat, sich ihm unauslöschlich ins Gedächtnis einschreibt. Der sehr billige Rat, man solle zu vergessen suchen, was nicht mehr zu ändern ist, kann in den schlimmsten Fällen gar nicht befolgt werden.

Anscheinend liegt nun hier ein grosser Widerspruch vor. Wir haben vom Schmerz und ebenso von jedem anderen Gefühl nur eine höchst unvollkommene Vorstellung und doch ist der Gefühlsvorgang für die Einprägung ins Gedächtnis von so grosser Bedeutung. Die Unklarheit löst sich nicht etwa dahin auf, dass das Gefühl nur begünstigend wirkt, selbst aber gar nicht in den Gedächtnisschatz eingeht. Das kann deswegen nicht sein, weil das Gefühl selbst einen Teil des Gedächtnisinhalts ausmachen muss. Die Wiederholung des Gefühls, mit dem ein

Ereignis sich verband, kann ebensogut an den Vorgang erinnern wie jeder andere Anteil des Ereignisses.

Auch würde man ja die Gefühle gar nicht wiedererkennen, wenn von ihnen nichts im Gedächtnis haften bliebe. Wir erkennen aber nicht nur das Gefühl wieder, sondern erinnern uns auch der Einzelheiten in Stärke und Ablauf des Gefühlsvorganges. Wenn ich mich leicht in den Finger schneide, dann weiss ich genau, es wird nicht lange weh tun. Wenn ich mir dagegen die Hand verbrenne, dann weiss ich ebenso genau, was mir an Schmerzen bevorsteht. Und doch kann ich mir, wenn der Schmerz vorbei ist, wieder nur dieselbe unklare und blasse Vorstellung von ihm machen.

Des Rätsels Lösung ist aber sehr einfach. Man hat nämlich im Durchschnitt vom Schmerz eine genau ebenso klare oder unklare Vorstellung, wie man sie von allem anderen hat, was man sich vorstellt. Bleiben wir, um diese Behauptung zu erweisen, bei dem Beispiel der Verbrennung. Ich will mir in diesem Augenblicke die grösste Mühe geben, um mir eine Verbrennung vorzustellen, z. B. eine solche, die ich mir als ungeduldiger Mensch schon oft zugezogen habe, indem ich den heissen Zylinder der Lampe zu früh anfasste, um sie zu reinigen. Ich mag mich noch so sehr abmühen, mir alle Einzelheiten des Ereignisses vorzustellen, sie ins Gedächtnis zurückzurufen, die Vorstellung, die ich in mir erzeuge, bleibt höchst lückenhaft. Mein Gedächtnis gibt durchaus kein vollständiges Bild des Ereignisses her. Bei mir sind es fast nur die Bewegungen, die sich in der Erinnerung einstellen und solche machen fast mein ganzes Gedächtnisbild aus. Ich stelle mir lebhaft vor, wie ich ärgerlich werde, aufspringe und die Lampe auslösche, wie ich ungeduldig zugreife, aber noch schneller die Hand wieder wegziehe. Die Vorstellung ist kein Sehen vor dem geistigen Auge, sondern ich empfinde abgeblasst dasselbe wie bei der wirklichen Bewegung in meinen Muskeln, ohne dass ich aber Bewegungen mache. Von dem so lebhaften Schmerzvorgange steht vor mir (Vorstellen = vor sich stellen) die heftige Abwehrbewegung.

Meinen Lesern wird es aber durchaus nicht allen ebenso ergehen, wie mir selbst. Die Verschiedenheit der Anlage zeigt sich nämlich auf keinem Gebiete so deutlich wie bei der Art der Gedächtnisarbeit. Der eine hat ein Gedächtnis für Bewegungen, der andere für die Gesichtsbilder, ein dritter mehr für Töne und das ganze Weltbild setzt sich dem entsprechend für den einen mehr aus Bildern, für den andren mehr aus Tönen oder Bewegungen zusammen. Übergänge finden sich dabei freilich sehr häufig. Ich selbst habe fast keine Gesichtsvorstellung. Ich kann einen Würfel nicht vor mir sehen, allenfalls kann ich ihn mir rollend vorstellen. Der bildende Künstler wird natürlich einen Würfel deutlich vor seinem geistigen Auge sehen.

Trotzdem wird auch für ihn zwischen dem wirklichen Würfel und seiner Vorstellung ein gewaltiger Unterschied bestehen, denn es gibt keine Vorstellung, die mit dem Gegenstande selbst verwechselt werden könnte, wenn sie noch so lebhaft wird. Jede wirkliche Wahrnehmung gibt sich dem Bewusstsein als solche ohne weiteres zu erkennen. Man weiss ganz unmittelbar, ob man vor sich an der Wand ein Bild sieht oder ob man sich ein solches vorstellt.

Genau wie mit der Vorstellung eines Würfels oder eines Wandbildes, verhält es sich nun mit der des Schmerzes. Der wirkliche Schmerz ist jederzeit von der Vorstellung eines solchen ohne weiteres zu unterscheiden. Wenn ich dem bildenden Künstler die Frage vorlege, wie er sich den Schmerz vorstellt, so wird er wahrscheinlich antworten, er sehe vor sich ein schmerzverzerrtes Antlitz, etwa den Laokoon. Man sieht, dass seine Schmerzvorstellung genau so unvollkommen ist wie meine. Vielleicht ist sie sogar noch weniger wert, denn sehen kann man doch den Schmerz nicht. Das Vorstellen des Abwehrdranges ist noch der nähere Weg, um den Schmerz selbst nachzufühlen.

Wenn ein Mensch ein Bild an der Wand wirklich vor sich zu sehen glaubt, das gar nicht dort ist, dann hat er nicht eine Vorstellung von einem Bilde, sondern eine Sinnestäuschung, ein Wahnbild, eine Halluzination. Eine solche ist ausser im Traume und den verwandten Zuständen der Hypnose stets ein krankhafter Vorgang, meist sogar das Anzeichen einer ernsten Geistesstörung. Eine Vorstellung kann noch so lebhaft werden, es unterscheiden sich auch die höchsten Grade des Sehens mit dem geistigen Auge von der schwächsten Wahrnehmung noch so scharf, dass niemals im normalen Leben der geringste Zweifel auftaucht, ob etwas vorgestellt oder wahrgenommen wird. Wir können unsere Wahrnehmungen häufig missdeuten, man spricht dann von Illusionen, aber eine blosse Vorstellung wird unmittelbar davon unterschieden.

Wenn ich bei dem Versuch, mir die Verbrennung der Finger recht lebhaft vorzustellen, den Schmerz wirklich fühlte, so wäre das also gar keine Vorstellung, sondern eine Schmerzhalluzination. Das vorgestellte Gefühl wäre identisch mit dem wirklich gefühlten, mit dem tatsächlichen Ereignis des Schmerzes, genau wie bei der Gesichtshalluzination statt der Vorstellung ein wirkliches Sehen eintritt. Gefühlshalluzinationen kommen bei Geisteskranken sicherlich vor.

In dieser einfachen Überlegung liegt die Lösung der Frage des Gefühlsgedächtnisses, die in der Literatur über das Gefühl so widerspruchsvolle Erörterungen hervorgerufen hat. Einer der hervorragendsten Kenner des Gefühlslebens, Ribot, dessen Psychologie der Gefühle sehr geschätzt und verbreitet ist, ist der Verwechselung von Vorstellung und Halluzination so vollständig zum Opfer gefallen, dass er den Beweis dafür, dass es ein Gefühlsgedächtnis gibt, dadurch anzutreten sucht, dass er ganz vereinzelte Fälle anführt, in denen es gelingt, durch geeignete Maſsnahmen richtige Gefühlshalluzinationen herbeizulocken.

Wenn jemand den Versuch machen will, sich den Zahnschmerz möglichst lebhaft vorzustellen und er stellt das in der Weise an, dass er sich das Gesicht einwickelt, sich die Backe festhält und so lange seine Aufmerksamkeit angestrengt auf den Zahn lenkt, der ihm vor einiger Zeit weh getan hat, bis er schliesslich tatsächlich den Schmerz verspürt oder ihn zu fühlen glaubt, so hat er nicht eine Vorstellung des Schmerzes in sich erzeugt, sondern hat sich, wie man den Vorgang heute bezeichnet, den Schmerz suggeriert. Was eine Suggestion ist und wie solche für die Hypnose verwertet werden, ist heute wohl allbekannt. Wenn wir jemandem zum Zweck der Hypnose Schlaf suggerieren, so erzeugen wir in ihm nicht die Vorstellung vom Schlaf, sondern wirklichen Schlaf. Der Unterschied zwischen einer Suggestion und einer Vorstellung ist ungefähr derselbe wie der zwischen Halluzination und Vorstellung, nur versucht man in der Hypnose weniger Wahrnehmungen, als Gefühle und Bewegungen zu suggerieren.

Zahnschmerzen zu suggerieren ist selbstverständlich nicht leicht und wird nur bei äusserst leicht beeinflussbaren Personen gelingen. Gefühle wie Traurigkeit oder Scham sind dagegen sehr leicht zu erzeugen. Bei verwickelteren Gefühlen, die lange Zeit nachwirken, muss man sich nur vor einer zweiten Verwechselung hüten, der ich auch in der Literatur begegnet bin. Die Vorstellung eines früher stattgefundenen Gefühls muss man nämlich scharf unterscheiden von dem Gefühl, das in diesem Augenblicke, wo ich mir das frühere zurückrufen will, in mir wegen desselben Vorgangs neu entsteht, der damals dem Gefühl das Leben gab. Wenn man sich des Gefühls erinnern will, das der Verlust eines Angehörigen vor Jahren erzeugt hat, so kann sich statt dessen ein ganz selbständiger Gefühlsvorgang einstellen, es kann immer wieder ein neues Gefühl erlebt werden, wenn der Verlust noch nicht ganz überwunden ist.

Es wäre schlimm um uns bestellt, wenn die Gefühlsvorstellungen auch nur einigermaſsen an Lebhaftigkeit dem wirklichen Gefühl nahe kämen. Das Leben wäre wahrhaftig kein Genuss, wenn wir jedesmal, wenn wir an Schmerz erinnert werden, ihn wirklich fühlten. Das würde nämlich den ganzen Tag über geschehen und statt fröhlicher Menschen, die sich ihres Lebens und ihrer Gesundheit freuen, sähen wir um uns schmerzverzerrte Gesichter, alles wäre nur beschäftigt, Schmerzvorstellungen von sich abzuwehren. Denn die Gefahr, sich Schmerz zuzuziehen, ist so verbreitet, dass wir alle Augenblicke an den Schmerz erinnert werden. Aber so wenig die Vorstellung der Sonne leuchtet, so wenig tut die Vorstellung des Schmerzes weh.

Wir haben im Durchschnitt für die Gefühle genau so viel Gedächtnis wie für die Wahrnehmungen. Wir erkennen die Gefühle wieder, wir wissen deswegen welches Gefühl unter einem Namen verstanden wird und was die Hauptsache ist, wir wissen von jedem Gefühl, unter welchen Umständen es eintritt und wie es verläuft und wir lernen sogar schneller aus den Gefühlen die Umstände ihres Vorkommens kennen, weil gefühlsbetonte Vorstellungen sich besser einprägen. Wir merken uns sehr genau, was uns gut oder schlecht getan hat, also wie man die Gefühle suchen und meiden kann. Wer behauptet, dass er von der Sonne eine bessere Vorstellung hat, ist sicherlich im Irrtum. Unser Wissen von der Sonne ist sehr viel genauer als unsere Vorstellung von ihr.

Das ist freilich ein Unterschied, der in der Psychologie nicht gemacht zu werden pflegt. Ich halte aber diesen Gegensatz für sehr durchgreifend. Es ist doch ein grosser Unterschied zwischen meiner Vorstellung von der Sonne und meinem Wissen von ihr. Und genau so ist meine Vorstellung vom Schmerz gar nicht zu vergleichen mit meinem Wissen von ihm. Die meisten meiner Leser werden hoffentlich finden, dass ich vom Schmerz eine ganze Menge mehr zu wissen scheine als sie. Trotzdem ist meine Vorstellung vom Schmerz um nichts klarer, deutlicher oder vollkommener, als die meiner Leser.

Das Wissen besteht aus der Kenntnis einer mehr oder weniger grossen Anzahl Beziehungen, die die Vorstellung des Schmerzes oder der Sonne mit anderen Vorstellungen verbindet. Eine Vorstellung kann noch so unklar und schwach sein, die Summe ihrer Beziehungen zu anderen Vorstellungen wird davon gar nicht berührt. Ein Geschichtschreiber kann von einer Person eine grosse Anzahl Lebensverhältnisse und Schicksale kennen und braucht nie auch nur den Versuch gemacht zu haben sich die Person vorzustellen. Der Biograph eines Mannes wird sich dagegen die grösste Mühe geben, eine möglichst lebendige Vorstellung der Person zu erzeugen.

So abgeblasst und schwach unsere Vorstellung vom Schmerz ist, so reich ist unser Wissen von ihm, auch das meiner Leser. Verbranntes Kind würde nicht das Feuer scheuen, wenn es nicht nun wüsste, dass Feuer brennt und Schmerz verursacht. Wir würden uns nicht so hüten können vor den Schmerzreizen, wenn sich nicht jeder schmerzhafte Eindruck so fest dem Gedächtnis einprägte. Nur erwerben wir durch solche Ereignisse keine Vorstellungen, sondern Wissen, das heisst wir erfahren Beziehungen. Unsere Kenntnisse sind durchschnittlich viel vollständiger als unsere Vorstellungen.

So unvollkommen ich mir vorstelle, w i e das Feuer schmerzt, d a s s es verbrennt und Schmerz erzeugt, weiss ich sehr gut. Die Beziehung zwischen Berührung des Feuers und Schmerzentstehung ist meines Gedächtnisses fester Besitz. Das aber ist Wissen und nicht Vorstellen.

Deswegen konnte auch im Laufe unserer Untersuchung so betont werden, dass der Schmerz nicht an sich uns belehrt. Nur durch unsere Fähigkeit, unserem Gedächtnis Beziehungen einzuverleiben, können wir die Gefühle zur Erwerbung von Kenntnissen nutzbar machen.

Wenn wir unsere Kinder mit der Rute erziehen, so benutzen wir die Eigenschaft des Schmerzes, dass sich die Eindrücke, zu denen er hinzutritt, so fest einprägen. Bei dem Kinde bildet sich z. B. die Beziehung: „Lüge—Rute—Wehtun". Die Schattenseite der Erziehungsmethode liegt damit allerdings auf der Hand. Denn wo keine Rute, wird das Kind, wenn es sonst die Neigung dazu hat, ganz gemächlich lügen, es wird sich dabei kaum etwas Böses denken, wenn nur die Beziehung der Lüge zur Rute eingeprägt wird. Die Erhebung des Körperteils, auf den man die schmerzhaften Reize einwirken zu lassen pflegt, zum Erziehungsorgan, ist mithin ein recht willkürlicher Eingriff in das Gefühlsleben des Kindes. Für die Verabscheuung der Lüge sind dem Menschen ganz andere Gefühle, Ehrgefühl und Stolz, die dem Geselligkeitstriebe zugeordnet sind, von der Natur fürs Leben mitgegeben. Ein Kind, dem diese Gefühle fehlen, lernt durch den Schmerz am wenigsten die Lüge verabscheuen.

Sehr schwer verständlich ist es aber, wie die Menschheit gar auf die Idee gekommen sein mag, ganz systematisch durch Jahrtausende den Schmerz in der Gestalt der Folter als Wahrheitsermittler zu verwenden. Wir sind heute alle darüber einig, dass es kaum ein schlechteres Mittel geben kann, um die Wahrheit an den Tag zu bringen. Der Schmerzgepeinigte auf der Folter will natürlich nur den Schmerz los werden und dieser Wunsch kann so die Oberhand gewinnen, dass der Gequälte zu allem ja sagt, wenn man ihn nur aus seiner Not befreit. Es muss diesem Irrweg der Menschheit irgend ein natürlicher auf Abwege geratener Trieb zu Grunde liegen, denn man kann leicht beobachten, dass die Kinder untereinander die Folter anwenden. Ich weiss auch aus eigener Erfahrung, dass unter uns Jungens die Folter eine gewissermaßen anerkannte Einrichtung war. Freilich hatten wir die Technik nicht sehr ausgebildet. Hierin mussten wir dem Rom des Mittelalters schon den Vorzug lassen. Die päpstlichen Herren Rechtssucher haben auf diesem Gebiete eine Erfindungsgabe besessen, die selten auf eine so verwerfliche Sache verwendet sein mag. Wenn man Beschreibungen von Folterwerkzeugen liest, wie sie z. B. bei dem Prozess der Beatrice Cenci angewandt wurden, dann allerdings wird in dem Leser die Vorstellung des Schmerzes in einem Grade erzeugt, wie man sie sonst kaum hervorrufen kann.

Wenn ich selbst eine solche Beschreibung lese, so entsteht in mir die Vorstellung des Schmerzes ungefähr so lebhaft, wie wenn mir selbst

ein Schmerz droht. Die Vorstellung wird natürlich nicht zum wirklichen Schmerz, eine Schmerzvorstellung tut niemals weh. Aber was
wehtun kann, ist der Mitschmerz. Mit dem wollen wir uns noch beschäftigen.

Der Mitschmerz.

Es ist ein grosser Unterschied, ob wir uns einen Schmerz nur
vorstellen oder ob wir ein schmerzbringendes Ereignis wirklich eintreten
sehen. Denn selbst wenn das Ereignis nur einen Mitmenschen trifft,
der uns im übrigen noch so gleichgiltig sein mag, so kommt doch beim
Anblick der Wunde in uns ein Gefühl zum Vorschein, das dem Schmerz
zum mindesten sehr ähnlich ist. Wir können entsprechend dem Worte
„Mitleid" hier von „Mitschmerz" sprechen. Jeder kennt das Gefühl aus
eigener Erfahrung. Auf der Möglichkeit der Mitgefühle beruht an-
geblich zum guten Teil unser soziales Leben und ausserdem spielt in
der zur Zeit wieder so lebhaft betriebenen allgemeinen Ästhetik die Frage
des Mitgefühls ihre Rolle.

Bei der lächerlichen Überschätzung der ästhetischen Werte, an denen
unsere ganze Kultur, besonders in ihrer Erziehungsmethode krankt,
muss ich bei meinem Leserkreis fürchten, dass von vielen bei der Frage
des Mitschmerzes zunächst an künstlerische Erzeugung von Mitgefühlen
gedacht wird. Nun fühlt aber kein Mensch beim Anblick des Laokoon
Schmerz. Wenn dagegen nur ein Hündchen überfahren wird, geht
manchem der Schmerz durch Mark und Gebein. Der Künstler darf den
Mitschmerz nicht in seinem Publikum hervorrufen. Ich hatte einmal
Gelegenheit, ein japanisches Theater zu sehen. Ein Selbstmord durch
Bauchaufschlitzen wurde von dem Mimen in der Weise dargestellt, dass
er den Dolch in eine Blase mit roter Flüssigkeit einstiess, die hervor-
spritzte und den Leib blutig färbte. Ein Grauen herrschte im Zuschauer-
raum. Sowie der Mitschmerz anfängt, hört jeder ästetische Genuss auf.
Die Gladiatorenkämpfe bei den Römern, die Stierkämpfe oder die
Vorführungen unserer Tierbändiger werden doch wohl nur der Aufregung
halber aufgesucht, die sie gewähren.

Auch im sozialen Leben hat der Mitschmerz wenig Bedeutung.
Auch nicht das Mitleid könnte Staaten gründen und erhalten. Hier
wirken Rechtssinn und Treue, Ehrgefühl und nicht zum wenigsten
unsere nie zu unterdrückende Sucht nach Beifall und Auszeichnung mit
ihren starken Gefühlen des Stolzes, des Neides, der Bewunderung, der
Verachtung u. s. w. Wir haben uns hier also weder mit ästhetischen
noch mit sozialen Problemen zu beschäftigen, sondern wollen nur untersuchen, wann der wirkliche Mitschmerz auftritt und was aus den
Bedingungen seiner Entstehung zu lernen ist.

Wenn wir zusehen müssen, wie sich jemand Schmerz zuzieht, wenn wir Blut und Wunden selbst nur an Tieren erblicken, so entsteht der Mitschmerz in uns. Man pflegt zu sagen, dass man den Schmerz fühle, als wäre er einem selbst zugestossen und die Theorie liegt nahe, dass man sich in die Lage des Verletzten hineinversetzt. Hier haben wir wieder einen Erklärungsversuch, der die Entstehung eines Gefühls auf eine Denkoperation zurückführt. Es fällt uns gar nicht ein, uns in die Lage eines Menschen zu versetzen, den wir verletzt werden sehen. Unmittelbar fühlen wir beim Anblick der Verletzung den Mitschmerz. Freilich benehmen wir uns oft so, als hätte das Unglück uns betroffen, wir machen Abwehr- oder Fluchtbewegungen. Aber müssen wir uns, um das zu tun, erst in die Lage des Verletzten hineinversetzen?

Wir sehen eine Verletzung. Das ruft in uns den Abwehrtrieb hervor und in demselben Augenblicke fühlen wir auch schon den Mitschmerz. Der Abwehrtrieb kommt uns, wie beim wirklichen eignen Schmerz, als Gefühl des Mitschmerzes zum Bewusstsein. Das ist des Rätsels Lösung und deswegen tut der Mitschmerz weh wie der Schmerz selbst.

Wenn wir uns wirklich in die Lage des Leidenden versetzten, so würden wir den Mitschmerz wohl nur einen Augenblick fühlen. Im nächsten würden wir uns schon sagen „Glücklicherweise bin ichs ja nicht". Nicht anders ist es bei jedem Mitleid. Die Überlegung, dass uns dasselbe Unglück treffen könnte, ist gar nicht zu verwechseln mit der sofortigen Regung des Mitleids, wenn wir ein Unglück sehen oder von ihm hören.

Bei der anderen Auffassung hätten wir im Mitschmerz nur die Suggestion eines Schmerzes zu erblicken. Es wäre dann in uns, wie bei der Suggestion, das Gefühl dadurch erzeugt, dass wir uns so lebhaft wie möglich in die Lage hineinversetzen, in der das Gefühl entsteht. Ich will nicht leugnen, dass Suggestion und Mitschmerz gelegentlich in einander übergehen mögen und die Suggestion des Schmerzes mag sich bei vielen Personen dem Mitschmerz wirklich hinzugesellen. Aber die Suggestion von Gefühlen, die wie der Schmerz an bestimmte Reize gebunden sind, gelingt nur bei wenigen Menschen, des Mitschmerzes dagegen ist jeder fähig. Jeder besitzt eben den Abwehrtrieb.

Ich schliesse die psychologische Betrachtung mit dem Hinweis darauf, dass auf die hier besprochenen Fragen noch manches Licht fallen wird bei der Untersuchung der physiologischen Bedingungen des Schmerzvorgang, zu der wir uns nun wenden.

II. Die Physiologie des Schmerzes.

Die normalen Schmerzreize.

Wie wir bisher den Schmerz in erster Linie als Funktion des normalen Lebens untersucht haben, so wollen wir auch im zweiten Teil unserer Betrachtungen zunächst von den Krankheitsprozessen, die zufällig mit Schmerzen verbunden sind, absehen und auch bei der Untersuchung der physiologischen Bedingungen des Schmerzes den normalen Schmerzvorgang im Auge behalten.

Die Berechtigung, von einer normalen Schmerzfunktion als einem täglichen Vorkommnis im Leben jedes Tieres und besonders des Menschen zu sprechen, bedarf wohl keiner Begründung. Freilich ist ein stetiger Übergang von schmerzhaften Verletzungen zu Krankheiten vorhanden. Übergänge gibt es aber im organischen Leben stets und jedermann dürfte ohne weiteres klar sein, was mit normalem Schmerz im Gegensatz zum Krankheitsschmerz gemeint ist. Wenn einem Tier im Kampfe ein Knochen gebrochen wird, so hat es freilich eine länger dauernde Krankheit erworben. Das, worauf es aber der die Funktion schaffenden Natur ankommt, ist der Schmerz bei der Zufügung der Verletzung. Dass der Schmerz andauert, ist ein ganz zufälliges Unglück für das Tier, wie wir im weiteren sehen werden.

Gewöhnlich entsteht der Schmerz durch Verwundung, also Verletzung der Haut und der Gewebe. Aber das ist keineswegs seine einzige Quelle. So entsteht zum Beispiel auch Schmerz, wenn sich ein Muskel sehr schnell und heftig zusammenzieht. Auch gibt es einen Schmerz durch starke, plötzliche Geräusche. Weh tut auch die Blendung der Augen durch unvermittelt starken Lichteinfall. Bemerkenswert ist demgegenüber, dass durch noch so starke Gerüche oder Geschmackseindrücke kein Schmerz entstehen kann. Man kann andererseits manche Organe, z. B. das Gehirn und die inneren Teile der Lungen zerschneiden, zerreissen und brennen, ohne dass Schmerz entsteht. Der Schmerzreiz liegt also nicht in der Verletzung als solcher. Man kann mit dem elektrischen Strom einen heftigen Schmerz erzeugen, ohne die Haut zu verletzen. Das Umgekehrte geht freilich nicht. Ausser wenn man örtliche oder allgemeine Betäubungsmittel anwendet, tut jede Verletzung der Haut weh.

Es sind also nicht alle Organe und besonders nicht alle Sinnesorgane zur Schmerzerzeugung eingerichtet. Insofern hängt der Schmerz
auch von der Art des Reizes ab. Wo die Schmerzbildung aber stattfindet, da ist sie untrennbar verknüpft mit einer gewissen Stärke des
Reizes. Der Reiz muss eine gewisse Höhe erreichen, wenn er Schmerz
verursachen soll, es gibt eine Schmerzschwelle.

Im Gebiete des Hautsinnes hat man herausgefunden, dass ein
Druck ungefähr tausendmal so stark sein muss, um Schmerz zu erzeugen,
als um überhaupt bemerkt zu werden, also um eine eben merkliche
Tast- oder Druckempfindung auszulösen. Fachwissenschaftlich würde
man sagen: Die Schmerzschwelle liegt tausendmal so hoch wie die Berührungsschwelle. Wir werden aber nicht erwarten, dass diese Schwellen-
bestimmung irgend welchen allgemeinen Wert hat. An der Augen-
bindehaut z. B. liegt die Schmerzschwelle nur etwa dreimal so hoch wie
die Berührungsschwelle und wir werden Verhältnisse kennen lernen, wo
beide Schwellen ziemlich zusammenfallen können.

Die gewöhnlichsten Schmerzreize sind überdies gar nicht so beschaffen, dass sie sich mit den Reizen, für die die Hautsinnesorgane
sonst eingerichtet sind, überhaupt vergleichen lassen. Die Haut besitzt
Organe, um Berührungen und Druck zu empfinden und ferner Kälte
und Wärme zu unterscheiden. Sie ist unser Tast- und Temperaturorgan.
Starke Berührungen sind aber gar nicht die Hauptquelle des Schmerzes,
sondern wirkliche Verletzungen des Gewebes durch Gewalt. Die Tiere
zerreissen und zerfleischen sich gegenseitig, sie stechen sich an den
Dornen der Pflanzen, werden von Insekten gestochen und wir Kulturmenschen ziehen uns sehr häufig Schmerz durch Verbrennung zu. Bei
all diesen Vorkommnissen wird das Sinnesorgan nicht in der Weise gereizt wie bei seiner gewöhnlichen Funktion.

Nun hat man deswegen vielfach nach besonderen Sinnesorganen
für den Schmerz gesucht. Besonders geschah das von den Forschern,
die den Schmerz nicht für ein Gefühl, sondern für eine besondere Form
der Empfindung halten. Wenn der Schmerz eine eigene Empfindungs-
form wäre, wie der Farbensinn etwa, so wäre freilich auch ein besonderes Sinnesorgan für die Aufnahme seiner Reize zu erwarten. Aber
man hat keine Sinnesorgane des Schmerzes auffinden können. Vielmehr
sind dieselben Stellen der Haut, die die Berührungsempfindung vermitteln,
auch für die Erzeugung des Schmerzes eingerichtet. Die Empfindlichkeit
der Haut ist nämlich eine sehr verschiedene. Es gibt Stellen der Haut,
die für Berührung, andere die für Kälte oder Wärme Sinnesorgane besitzen. Die Organe der verschiedenen in der Haut untergebrachten
Sinne sind nicht gleichmäfsig verteilt, sondern sie sind mosaikartig
angeordnet.

Nun sind die Kälte- und Wärmepunkte gar nicht schmerzempfind-
lich, eine Erscheinung, die weiterhin erklärt werden soll. Dagegen
nehmen dieselben Stellen, die am empfindlichsten gegen Berührung sind,
auch am leichtesten den Schmerz auf. Es ist nicht schwer, an sich
selbst diese Tatsache nachzuprüfen.

Aus dem Gegebenen ist eine einheitliche Entstehung des Schmerzes
anscheinend nicht zu entnehmen. Wir stehen im Gegenteil vorläufig
vor den grössten Widersprüchen. Im Gebiete der Haut scheint der
Schmerz durch dieselben, nur vielfach verstärkten, Reize zu entstehen
wie die Tastempfindung. Aber er entsteht nicht etwa in allen Sinnesorganen, wenn die Reize eine gewisse Stärke erreichen und sogar die
in der Haut liegenden Temperatursinnesorgane sind gegen Schmerzreize
unempfindlich, trotzdem doch Hitze und Frost zu den lebhaftesten
Schmerzen Anlass geben können. Andererseits entsteht der Schmerz in
den anscheinend dazu bestimmten Sinnesorganen meist durch Reize, die
mit den gewöhnlich darauf einwirkenden gar nicht vergleichbar sind.
Ein Schnitt, der mit einem sehr scharfen Messer geführt wird, mag nur
eine leichte Berührungsempfindung veranlassen und verursacht doch
den grössten Schmerz.

Die Lösung des Rätsels liegt nun gerade in dem Mechanismus der
Reizung beim Schneiden und dergl. Ich kann an einem Punkte der
Haut einschneiden oder stechen, der gar nicht schmerzempfänglich ist.
Wenn ich etwa einen Millimeter in die Tiefe dringe, so entsteht an jeder
einzigen Stelle Schmerz. Dort treffe ich aber gar keine Sinnesorgane,
ich brauche wenigstens keine zu treffen. Vielmehr entsteht der Schmerz
dadurch, dass ich die feinen Nervenfasern anstiche, die dazu dienen, den
Erregungszustand, der in den Sinnesorganen aus den äusseren Kräfte-
einwirkungen hervorgeht, nach dem Rückenmark oder Gehirn zu tragen.

Der mit der Physiologie des Nervensystems nicht vertraute Leser
wird nun nichts weniger erwarten, als dass durch Schädigung des
Nerven an einer Stelle seines Verlaufs vom Sinnesorgan zum Zentralnervensystem, in ihm eine Funktion ausgelöst werden kann. Der Nerv
dient freilich in erster Linie als Leiter des nervösen Erregungszustandes,
dessen Natur wir zwar nicht kennen, von dem wir aber wissen, dass er
den Nerven entlang fortgepflanzt wird. Die Nerven, die ihren Ursprung
im Sinnesorgan nehmen, empfangen ihren Erregungszustand von den
Sinneszellen, die den äusseren Reiz, die physikalischen Kräfte, in Nerven-
strom umzuwandeln die Aufgabe haben.

Jedoch ist ein Nerv keineswegs einem toten Leiter zu vergleichen,
etwa einem Draht, der einen elektrischen Strom leitet. Der Vergleich
mit dem elektrischen Strom ist überhaupt sehr irreführend. Der Erregungszustand des Nerven ist ein höchst verwickelter organischer
Lebensprozess. Einen Draht könnte man noch so viel drücken, schlagen,

erwärmen oder sonst wie angreifen, es wird ihm nicht einfallen, daraufhin die Funktion auszuüben, zu der man ihn bestimmt hat. Der Nerv dagegen produziert auf die genannten Eingriffe hin mit grösster Regelmäfsigkeit den Erregungszustand und leitet ihn fort genau wie den im Sinnesorgan selbst empfangenen Anstoss. Der Nerv ist also imstande, ausser durch den eigens dazu gebauten Mechanismus des Sinnesorgans durch die verschiedensten mechanischen und chemischen Einwirkungen in Erregung zu geraten, und zwar bringen solche Schädigungen einen viel stärkeren Strom hervor als der geringe Reiz, für den das Sinnesorgan eingerichtet ist.

Diese Eigenschaft der Nerven hat sich die Natur zunutze gemacht, um den Schmerz entstehen zu lassen, wenn der Nerv auf irgend welche Weise verletzt wird. Deswegen gibt es für den Schmerz keine besonderen Sinnesorgane, vielmehr werden diese durch den Nerven selbst in seinem ganzen Verlauf vertreten. Ja man kann die Frage aufwerfen, ob die für den geringeren Reiz eingerichteten Sinnesorgane überhaupt imstande sind, ausser ihrer Empfindung auch Schmerz zu erzeugen, ob nicht, wo dies scheinbar geschieht, doch stets schon die Nerven selbst der Angriffspunkt des Reizes sind. Gewisse Tatsachen sprechen dafür. Wenn ich die Haut brenne, so reize ich mit der Wärme die Temperaturorgane und es wird zunächst die Wärmeempfindung erzeugt. Die Tastorgane, die daneben liegen, sind für Wärmereize ganz unempfindlich, andererseits die Temperaturorgane für den Schmerz. Und doch entsteht durch Verbrennen der heftigste Schmerz. Der Schmerz kann also nur durch Reizung der vorübergehenden Tastnerven entstehen.

Jedes Sinnesorgan ist nur für seinen Reiz eingerichtet, die Reizung des Nerven hingegen ist auf die mannigfaltigste Weise möglich. Die meisten Schädigungen, die den Nerven zu zerstören geeignet sind, bringen, indem sie ihn zerstören oder bevor sie es tun, den Erregungszustand hervor. Wenn ich also einen Nerven durch Zerschneiden, Zerreissen, Zerquetschen, Verbrennen, Verätzen, Elektrisieren usw. zerstöre oder nahezu zerstöre, so gerät er jedesmal in heftige Erregung. Je plötzlicher die Einwirkung stattfindet, um so stärker fällt der Erregungszustand im Nerven aus.

Dieses eigenartige Verhalten des Nerven beweist, dass der nervöse Erregungszustand keinesfalls eine einfache physikalische Wellenbewegung ist, dass vielmehr ein Lebensprozess der Erregung zugrunde liegt. In den Organismen ist es ein ganz gewöhnlicher Vorgang, dass sie bei Einwirkung einer Schädlichkeit, bevor sie sterben oder gelähmt werden, in Erregungszustände geraten. Viele Gifte wirken auf alle lebenden Gewebe in ähnlicher Weise.

Der Nerv reagiert aber auf Schädigungen insofern auf seine besondere Art, als er die starke Erregung, die durch den Eingriff an irgend einer Stelle seines Verlaufs entsteht, genau so fortleitet wie den normalen, im Sinnesorgan empfangenen Reiz. Der im Rückenmark oder Gehirn anlangende aufgedrungene Erregungszustand wird deswegen nicht unterschieden sein von dem am Anfangspunkte des Nerven empfangenen. Die Erregungszustände können nur wechseln in Stärke, Abtönung und Zusammenstellung. Es wird deswegen nicht zu unterscheiden sein, an welcher Stelle des Verlaufs des Nerven ein Reiz eingewirkt hat.

Damit erklärt sich die sogenannte exzentrische Verlegung des Schmerzes. Wenn man sich am Ellbogen stösst, so wird der Schmerz in die Fingerspitzen verlegt, von wo der Nerv herkommt, der am Ellbogen in einer Knochenrinne ziemlich dicht unter der Haut läuft und Stössen sehr ausgesetzt ist. Auf Grund dieser Verlegung des Schmerzes kann bekanntlich der Amputierte Schmerzen in dem verlorenen Gliede fühlen, wenn die Nerven in der Narbe durch Stoss gereizt werden.

Trotz dieser Tatsache bezweifle ich aber, ob mit dem Schmerzgefühl selbst eine räumliche Lokalisation im Körper gegeben ist. Wenn wir uns die Finger verbrennen, so fühlen wir den Schmerz und empfinden gleichzeitig die Hitze an den Fingern und wir empfinden ausserdem noch durch Tast- und Drucksinn, wo die Verbrennung stattfindet. Die Erkennung der räumlichen Verhältnisse der Schmerzeinwirkung kann Sache der Sinnesorgane sein. Es gibt in Krankheiten Schmerzen, deren räumliche Bestimmung so schwankend ist, dass man auch am Krankenbett auf die Idee kommen kann, dass der Schmerz keine Räumlichkeitsbestimmung in sich hat, abgesehen davon, dass theoretische Gründe dafür sprechen, auf die noch zurückzukommen sein wird.

Die einzelnen Schmerzreize aufzuzählen ist nach unseren Ausführungen überflüssig. Alles kann als Schmerzreiz wirken, was den Nerven plötzlich zu schädigen geeignet ist, und das ist jede mechanische Einwirkung, stärkere elektrische Ströme, Verbrennung und Erfrierung, Verätzung usw. Von chemischen Einflüssen vermögen nur diejenigen Schmerz zu erzeugen, die das Gewebe verätzen. Gegen eine ganze Anzahl Verätzungen ist aber die Oberhaut des Körpers durch ihre Hornauflage geschützt, während die Schleimhäute dieses Schutzes entbehren und deshalb viel mehr schmerzhaften chemischen Reizungen zugänglich sind.

Man kann alle Reize so langsam ansteigend auf den Nerven einwirken lassen, dass er zerstört wird, ohne vorher in Erregung zu geraten. Das ist aber ein künstliches Experiment, das die Natur nirgends vormacht. Es genügt deswegen der Mechanismus der Schmerzerzeugung durchaus, um im natürlichen Leben in all den Fällen das Gefühl hervorzurufen, wo ein Schutz durch Abwehrbewegungen nötig ist. Eine grosse Anzahl Gifte sind uns bekannt, die den Körper ohne Schmerz

töten. Vollkommen ist der Organismus nicht, er kann nur die in seinem
Bauplan gegebenen Möglichkeiten weiter entwickeln.

Wir brauchen uns also mit den einzelnen Schmerzreizen nicht
weiter zu beschäftigen. Nur inbetreff des Temperaturschmerzes muss
hervorgehoben werden, dass nicht die Temperaturorgane und auch nicht
ihre Nerven den Schmerz vermitteln, der durch Hitze und Frost entsteht,
sondern dass die schmerzhaften Temperaturgrade wie jeder andere
Nervenreiz, wie Stoss und Quetschung, die Tastnerven reizen. Der Schmerz
geht nur mit Kälte- und Wärmeempfindungen einher.

Auch wie das Schmerzgefühl im einzelnen variiert, je nach Stärke
und Rhythmus der Reizung, ist nicht weiter interessant. Dass ein Ver-
brennungsschmerz anders gefühlt wird wie ein Stich, ganz abgesehen
von der gleichzeitigen Temperaturempfindung, liegt an der Ausbreitung
und Dauer des Reizes. Werden Nerven durchschnitten, so wird der
Schmerz nur durch Zerrung in der Wunde immer wieder erneuert, an
sich dauert er nur einen Augenblick. Das in der Wunde blossliegende
künstliche Ende der durchschnittenen Nerven ist zunächst gegen mechanische Einwirkungen sehr reizbar. Wird ein Schutz durch Blutgerinnsel
gebildet, so hört der Schmerz auf und die Nerven wachsen schnell
wieder nach ihrem Endpunkt aus.

Die Verbreitung der Schmerzfunktion im Körper.

Viel wichtiger und lehrreicher als eine weitere Beschreibung der
einzelnen Schmerzreize ist die Untersuchung der Frage, welche Nerven
bei Reizung durch die beschriebenen Eingriffe den Schmerz erzeugen.
Dass es nicht alle Nerven tun, haben wir schon gesehen und ist auch
ganz selbstverständlich. Zunächst können ja nur solche Nerven die
Entstehung des Schmerzes veranlassen, die die Reize von den Körper-
organen her nach dem Gehirn und Rückenmark hinleiten. Ein Nerv
dagegen, der dazu bestimmt ist, seine Erregung im Rückenmark zu
empfangen und sie einem Muskel zuzutragen, der auf den Reiz hin in
Tätigkeit gerät, ist von der Schmerzbildung schon an sich ausgeschlossen.
Reizt man einen solchen Nerven durch die früher genannten Eingriffe,
so kann nur eine Muskelzuckung darauf folgen.

Wir werden auch nicht erwarten dürfen, dass alle Nerven, welche
Reize nach dem Zentralorgan tragen, dort auch Schmerz erzeugen
können, wenn sie durch mechanische oder andere Eingriffe heftig gereizt
werden. Es wurde schon erwähnt, dass die Temperaturorgane mit ihren
Nerven keinen Schmerz erzeugen. Ebenso sind Geruch- und Geschmacks-
nerven unfähig, Schmerz zu vermitteln. Die Nase und die Zungen-
schleimhaut besitzen nur ausser ihren besonderen Sinnesorganen auch

Tastorgane, und deren Nerven bringen auch Schmerz hervor. Durch sehr starke Geschmackreize entstehen andere Gefühle.

Wir werden sehen, dass die Nerven, um Schmerz vermitteln zu können, bestimmte Wege einschlagen müssen, und da die Nerven der verschiedenen Sinnesorgane an sehr verschiedenen Stellen des Zentralnervensystems ihr Ende finden, so kann selbstverständlich nicht heftige Reizung jedes beliebigen Nerven Schmerz entstehen lassen. Für die höheren Sinne sind ähnliche, aber besondere Einrichtungen vorhanden. Die Blendung durch grelles Licht ist ein dem Schmerz nahe verwandtes Gefühl, sie tut auch weh. Der Trieb, der hier ausgelöst wird, ist dem bei Berührung des Auges sehr ähnlich. Wenn heftige Geräusche weh tun, so mag der Schmerz durch die starke Erschütterung des Trommelfells und Reizung seiner Tastnerven entstehen.

Wir finden demnach, dass der eigentliche Schmerz durchaus beschränkt ist auf das Gebiet des Sinnes, der der Empfindung mechanischer Einwirkungen dient. Es ist naheliegend, dass sich die Schmerzfunktion nur auf diesem Gebiete entwickelt haben mag, da die natürliche Ursache des Schmerzes stets mechanische Reize sind. Die anderen Eingriffe, mit denen wir ihn erzeugen, kommen in der Natur gar nicht in Betracht. Feuer gibt es in der Natur nur selten, fast nur Blitzschlagbrände sind ein natürlicher Vorgang.

Im Gebiete des mechanischen Sinnes, wie ich mich kurz ausdrücken möchte, ist dafür die Schmerzfunktion durchgängig vorhanden. Dieses Gebiet ist aber ein sehr weites. Die Tastorgane der Haut sind nur ein geringer Bruchteil der Einrichtungen, die der Empfindung von mechanischen Reizen dienen. Vor allem sind die Muskeln des Körpers ein wichtiges Glied unseres mechanischen Sinnes. In den Muskeln sind zu diesem Zweck Sinnesorgane vorhanden wie in der Haut, sie geben uns zusammen mit gleichen Einrichtungen in den Gelenken und Sehnen Auskunft über Lage der Glieder und Spannung der Muskeln, und ihre Nerven sind geeignet, bei starker Reizung Schmerz zu vermitteln. Ihre Schmerzschwelle liegt sogar viel tiefer wie die der Hauttastnerven, besonders sind die Gelenke viel schmerzempfänglicher.

Solche Tastnerven sind nun allen Muskeln des Körpers beigegeben, auch den dem Willen entzogenen Eingeweidemuskeln. Wie der Gliedermuskel weh tut, wenn er sich sehr heftig und plötzlich zusammenzieht, so entstehen deshalb auch in den inneren Muskeln Schmerzen bei übermäfsiger Anstrengung. Daher die Leibschmerzen, wenn ein reizender Darminhalt die Muskeln der Darmwand zu heftigen Zusammenziehungen anregt. Deswegen kann wahrscheinlich auch am Herzmuskel ein Schmerz entstehen, wenn an das Herz sehr grosse Anforderungen gestellt werden. Das geschieht leicht bei sehr starken Affekten.

Der Muskelschmerz entsteht ausser durch einzelne heftige Zusammenziehungen des Muskels auch durch mäfsigere, aber ungebührend lange wiederholte Leistungen, also durch Überarbeitung und Übermüdung. Jeder kennt den Wadenschmerz nach anstrengenden Märschen. Das Gefühl der Ermüdung selbst ist damit nicht zu verwechseln. Dieses ist mit der Empfindung von der Schwere der Glieder verbunden und ist der Bewusstseinsausdruck dafür, dass die Glieder den Bewegungsantrieben nicht mehr gehorchen. Wird die Ermüdung sehr gross, so gesellt sich ihr ein wirklicher Schmerz in den Muskeln. Es ist möglich, dass er durch Zerrungen entsteht, indem der ermüdete Muskel auf die starken Reize, die er vom Gehirn empfängt, mit ungeordneten heftigen Zusammenziehungen antwortet. Es kann hier aber auch eine sogenannte Summation der Reize vorliegen. Es ist nämlich möglich, Schmerz auch durch Reize zu erzeugen, die unter der Schmerzschwelle liegen, die aber in grosser Zahl genügend schnell aufeinander folgen, um zusammenzuwirken und so eine stärkere Wirkung zu geben als der einzelne Reiz. So gelingt es, durch den unterbrochenen elektrischen Strom Schmerz zu erzeugen mit einer Stromstärke, die weit unter der Schmerzschwelle liegt, wenn man nur einen Stromschlag oder die einzelnen Schläge in grossen Abständen anwendet. Auch mechanische Reize können sich summieren, wenn man sie genügend schnell hintereinander einwirken lässt.

An den inneren Organen werden wir eine grosse Ungleichheit der Schmerzempfänglichkeit erwarten müssen, denn sie sind für mechanische Einwirkungen in sehr verschiedenem Grade empfindlich, ihre Ausstattung mit Sinnesorganen ist eine sehr verschiedene. An den meisten inneren Organen rückt jedoch die Schmerzschwelle der Berührungsschwelle sehr nahe. Dass das Verhältniss der beiden Schwellen zu einander sehr wechselt, haben wir nun schon öfter erfahren, eine Erklärung dafür werden wir noch zu finden versuchen. Vorläufig stellen wir die Tatsache fest.

Schon die Gelenke und Sehnen haben eine bedeutend niedrigere Schmerzschwelle als die Haut und noch niedrigere Schwellen haben viele Teile der inneren Organe. Ein Druck gegen den Leib wird für das Bauchfell viel früher schmerzhaft als für die Haut und an vielen Stellen rücken die Schwellen für Berührung und Schmerz einander so nahe, dass ganz gefühlsfreie Empfindungen, die an der Haut doch weit überwiegen, kaum vorkommen. Man kennt die Empfindlichkeit der inneren Organe zum Teil nur aus dem Schmerz und es ist durchaus nicht unmöglich, das an manchen Stellen Empfindungs- und Schmerzschwelle nahezu zusammenfallen.

Ein Beispiel für eine niedere Schmerzschwelle ist die Speiseröhre. Durch sie gleitet der Bissen hindurch, ohne dass wir davon überhaupt eine Empfindung haben. Wenn die Schluckbewegung normal vonstatten geht, verschwindet der Bissen für unser Bewusstsein in dem Augenblick, wo er aus dem Munde weiter gegeben wird. Bleibt aber ein Bissen im Halse stecken, so haben wir gleich den Schmerz und wenn ein Bissen zu heiss ist, so kommt uns ein brennendes Schmerzgefühl zum Bewusstsein. Es wird schwer sein, einen Wärmegrad herauszufinden, der eine schmerzfreie Wärmeempfindung erzeugt. Also ist eigentlich in der Speiseröhre, die höchst unempfindlich gegen Berührungs- und Temperaturreize ist, die Empfindungsschwelle der Schmerzschwelle nahe gerückt, während es am Bauchfell gerade umgekehrt ist.

Wir finden also sehr verschiedene Verhältnisse, die von der Ausstattung der Körperteile mit Sinnesorganen abhängen und wir werden erwarten dürfen, dass manchen Geweben der mechanische Sinn und seine Organe gänzlich fehlen. Das ist sicherlich der Fall beim Gehirn selbst. Das Gehirn liegt im Schädel derartig geschützt gegen alle mechanischen Eingriffe, dass das Fehlen von mechanischen Sinnesorganen verständlich erscheint. Seinen Schutz hat das Gehirn durch seine Hüllen, vor allem den Schädel. Die äussere Knochenhaut ist durchweg äusserst schmerzempfänglich. Ebenso wie das Gehirn sind alle Organe, die durch Stoss oder Schlag Schaden erleiden können, leicht zerquetscht werden würden, durch äussere Umhüllung mit sehr empfindlichen Häuten geschützt, während das Innere derselben Organe ganz unempfindlich sein kann. So sind Lunge, Leber und Milz in ihrem Innern ganz unempfindlich, dagegen das Brust- und Bauchfell, das sie von aussen umgibt, mit besonders schmerzempfänglichen Sinnesorganen ausgestattet.

Krankheitsprozesse als Schmerzreize.

Den Krankheitsschmerz habe ich bisher geflissentlich unberücksichtigt gelassen, um den Leser nicht noch mehr, als er schon an sich dazu geneigt sein mag, bei unseren Erörterungen statt an den normalen Schmerz an den Krankheitsschmerz denken zu lassen. Die Literatur, die über den Schmerz vorhanden ist, leidet an dem Übelstande, dass die Autoren vorwiegend den Krankheitsschmerz im Auge hatten, der eine zufällige Erscheinung ist und zur Klärung der psychologischen und physiologischen Verhältnisse des Vorgangs nichts beitragen kann.

Wenn einzelne Autoren zwar vom Zweck und Nutzen der Schmerzeinrichtung sprechen, dabei aber als Beispiele nur Krankheitsprozesse anführen, die zufällig schmerzhaft sind, so kann dadurch meines Erachtens nur Verwirrung angerichtet werden. Dass es gelegentlich auch einem Tiere oder Menschen in der Natur etwas nutzen mag, wenn der Schmerz ein erkranktes Glied, z B. ein gebrochenes Bein ruhig stellt, sei zugegeben. Gross wird der Nutzen aber nicht sein, denn im Naturleben wird ein Geschöpf, das sich stille verhalten muss, entweder von seinen Feinden aufgefressen oder, wenn es selbst ein Raubtier ist, muss es verhungern. Es müsste denn grade so zugehen, wie in der Höhle des alten Wolfs der Fabel.

Welchen Zweck aber sonst der Krankheitsschmerz haben sollte, ist gar nicht einzusehen. So wie er gelegentlich zwingt, ein erkranktes Glied stille zu halten, weil der Schmerz bei jeder Bewegung erneuert wird, so kann er oft genug den Kranken zum rasen bringen, wo gerade Ruhe not täte. Und wenn der Schmerz uns gelegentlich dadurch nützt, dass er uns auf das erkrankte Organ aufmerksam macht und so den Kranken zum Arzte führt, so ist dieser Nutzen doch gewiss zufällig und überdies hätte sich die Natur, wenn sie mit der Erschaffung des Schmerzes diesen Zweck im Auge gehabt hätte, ganz schändlich blamiert. Denn eine grosse Reihe von Krankheitsprozessen werden wegen ihrer vollständigen Schmerzlosigkeit meist erst aufgefunden, wenn keine Hilfe mehr zu leisten ist

Alles, was man vom Nutzen des Krankheitsschmerzes geredet hat, ist hinfällig. Der Schmerz ist nicht für die Krankheiten geschaffen, sondern für das normale Leben. Die Schöpferkraft der Natur ist sehr beschränkt. Kann sie doch nur die aus der Organisation der Geschöpfe sich ergebenden, meist sehr begrenzten Möglichkeiten ausnutzen, um etwas Neues zu schaffen, nicht wie der Mensch sich seine Baumaterialien suchen, wo er sie findet. Deswegen gibt es in der Natur keine einzige vollkommene oder auch nur vollendete Einrichtung. Das Auge wird von den modernen optischen Instrumenten an Präzision weit übertroffen.

Nichts aber kann die Natur weniger als für ganz vereinzelte Fälle sorgen, und wenn doch für Krankheitsfälle vielfach Vorsorge getroffen ist, wie besonders die neuere Forschung über die Bazillengifte und die Entgiftung des Organismus nachweist, so ist eben die Schädlichkeit, gegen die der Schutz da ist, eine alltäglich drohende. So konnte die Natur auch den Schmerzvorgang schaffen als Schutz gegen die alltäglichen Gefahren durch Angriffe und Verletzungen. Sie konnte aber nicht erreichen, dass gerade diejenigen Krankheiten mit Schmerz einhergehen, bei denen die Warnung etwas helfen kann.

Wir dürfen deshalb, wenn wir untersuchen wollen, welche Krankheitsprozesse schmerzhaft sind, keine andere Gesetzmäfsigkeit erwarten, als dass Schmerz erzeugt werden muss durch Vorgänge, welche den schmerzvermittelnden Nerven in ähnlicher Weise zu erregen vermögen wie die normalen Schmerzreize. In einem Organ, das überhaupt keine schmerzvermittelnden Nerven besitzt, wird keinerlei Krankheit schmerzhaft sein. Eine Geschwulst oder ein Fremdkörper in den Lungen wird Hustenreiz auslösen, wenn er die Hauptluftröhren trifft, er wird, wenn er einen grossen Teil der Lungen verdorben hat, die höchste Atemnot verursachen, aber der Krankheitsprozess kann Jahre lang dauern und zum Tode führen, ohne dass je Schmerz auftritt, wenn er nicht das schmerzempfängliche Brustfell erreicht. In der Leber kann sich der Hundewurm entwickeln und fast die ganze Leber zerfressen, Schmerz entsteht erst, wenn das umgebende Bauchfell gereizt wird.

Nun haben die Nerven die Eigentümlichkeit, dass wenn sie langsam mit Flüssigkeit durchtränkt oder langsam gedehnt werden, die früher genannten Eingriffe keine Reizung bewirken können. Deswegen kann das Gewebe in der Wassersucht im höchsten Grade gedehnt und gezerrt werden, ohne dass Schmerz entsteht. Und deswegen können auch ganz grosse Geschwülste sogar in Organen, die sehr reichlich mit schmerzvermittelnden Nerven versehen sind, ohne Schmerz heranwachsen.

Dagegen kann wieder eine ganz geringe, aber schnell entstehende Flüssigkeitsansammlung oder Geschwulstbildung Schmerzen verursachen, die in gar keinem Verhältnis zu der Schädigung stehen. Das geschieht besonders an der Knochenhaut, die natürlich gar nicht nachgiebig ist. Daher die heftigen Zahnschmerzen auf Grund von Entzündungsvorgängen, die an sich nicht der Rede wert sind und die auch meist von selbst heilen. Auch wenn keine Knochenhautentzündung vorliegt, sondern die ganze Qual auf einem Freiliegen der Zahnnerven für die mechanischen Reizungen beim Essen beruht, kann doch von einem Nutzen des Schmerzes gar nicht die Rede sein. Das Tier kann doch den Zahn nicht so lange ausser Gebrauch halten, bis er ganz ausgestockt ist und zum Zahnarzt geht es doch nicht. Durch die Schonung des Zahnes erhält sich das Tier die Qual des Schmerzes nur länger.

Im Innern eines Knochens kann eine riesige Geschwulst entstehen, ohne dass der geringste Schmerz die Gefahr anzeigt, dagegen kann die geringfügigste Entzündung an der Knochenhaut die furchtbarsten Schmerzen auslösen. Es können ganze Organe zerstört werden durch schleichende Prozesse und die Krankheit macht sich nur durch ihre Folgen, nicht durch Schmerzen bemerklich. Es ist eben der reine Zufall, ob ein krankhafter Prozess schmerzhaft ist oder nicht.

Nicht recht erklärt ist die besondere Schmerzhaftigkeit der Entzündung. Es ist möglich, dass neben der Spannung der Gewebe durch die Eiteransammlung eine chemische Einwirkung auf die Nerven stattfindet. Entzündete Gewebe tun oft weniger an sich weh, als dass sie gegen jede Berührung äusserst empfindlich sind. Man findet also eine Herabsetzung der Schmerzschwelle. Vielleicht befinden sich die Nerven in einem Zustande erhöhter Reizbarkeit durch chemische Einwirkung, wir kennen wenigstens diesen Zustand der Nerven vornehmlich bei Vergiftungen.

Ein solcher Zustand von Schmerzüberempfänglichkeit durch Herabsetzung der Schmerzschwelle kann bei den verschiedensten Krankheiten auftreten. Er pflegt die Qual des Leidenden oft unerträglich zu erhöhen.

und kann vielfach die natürlichen Ausheilungen stören oder durch Ver-
hinderung der normalen Funktionen des erkrankten Organs auch indireckt
grossen Schaden anrichten, ja den Tod herbeiführen. In der Natur ist
das sicherlich etwas sehr gewöhnliches. Eine geringfügige Entzündung
kann eine solche Überempfindlichkeit eines Gliedes herbeiführen, dass
das Tier ausserstande ist sich zu rühren und seinen Feinden zum Opfer
fällt, unter Umständen wegen einer unbedeutenden Erkrankung, die
ohne den Schmerz in kurzer Zeit geheilt wäre. Ein Mensch der an
einem Magengeschwür leidet, kann dem Hungertode verfallen, wenn
durch die Überempfindlichkeit, die die Entzündung am Rande des Ge-
schwürs erzeugt, die Aufnahme von Speisen zur Unmöglichkeit wird.
So deutlich liegt hier die Schädlichkeit des Schmerzes zu Tage.

Wer nach diesen Beispielen, die sich noch beliebig vermehren
liessen, den Krankheitsschmerz noch für eine zweckmäfsige Einrichtung
halten will, der mag sich sein gläubiges Gemüt wahren. Der Krankheitsschmerz ist nicht von einer gütigen Natur in die Welt gesetzt, sondern
er ist das ganz zufällige Nebenprodukt der mechanischen Verhältnisse
der Schmerzentstehung, aus denen der für das normale Leben unentbehrliche Schmerzvorgang von der Natur entwickelt worden ist, ohne dass
aber verhindert werden konnte, dass derselbe Schmerz in Krankheitsfällen
auch gelegentlich schädlich werden kann. Bei Krankheiten, die nicht
durch die alltäglichsten Schädigungen entstehen, hört der Naturzüchtungs-
prozess überhaupt auf, besonders da im Naturleben kranke Tiere ohnedies
von ihren Feinden beseitigt werden oder verhungern. Wenn es Natur-
heilungen gibt, so ist das zum Teil Zufall, zum anderen Teil aber sind
es Krankheiten, die zum normalen Leben gehören, z. B. kleinere Verletzungen, die die Natur zu heilen vermag.

Übrigens wird die Bedeutung des Schmerzes als Warner ganz
bedeutend überschätzt. Die meisten Menschen suchen den Arzt vielleicht
gar nicht wegen Schmerzen auf, eine Statistik ist darüber nicht aufgestellt,
aber alle Funktionsstörungen der verschiedenen Organe machen den
Kranken ebenso häufig auf die Gefahr aufmerksam. Wenn der Schmerz
als solcher bei irgend welchen Erkrankungen Nutzen stiftete, würden
wir ihn doch nicht auf jede Weise bekämpfen. Wenn das Morphium
keine andere Wirkungen hätte, als dass es Schmerzen beseitigt, so würde
kein Arzt der Welt sich einen Augenblick besinnen, fast jeden Schmerz
mit Morphium zu bekämpfen.

Wir würden uns auch nicht besinnen, den Gebärenden ein Mittel
zu geben, das den Geburtsschmerz beseitigt, wenn es nur den Geburts-
vorgang nicht beeinträchtigte. Der Geburtsschmerz ist ebenfalls ein
ganz zufälliger Erwerb des Organismus. Es wurde erwähnt, dass
sämtliche Muskeln mit Nervenfasern ausgestattet sind, die dem mechanischen Sinn dienen und einen Schmerz vermitteln bei heftigen

Zusammenziehungen. Daher tut jede sehr starke Muskelarbeit, besonders eine krampfartige weh. Die fast jedem aus eigener Erfahrung bekannten Wadenkrämpfe seien als Beispiel genannt.

Die Gebärmutter besteht zum grössten Teil aus Muskeln und diese arbeiten in der Geburt bis zur Erschöpfung. Die heftigen Zusammenziehungen reizen die Nerven in schmerzerregender Stärke. Bekanntlich ist die Gallensteinkolik dem Geburtsschmerz äusserst ähnlich. Die Gallengänge besitzen ebenfalls Muskeln und ein Gallenstein wird unter denselben Schmerzen geboren wie Evas Nachkommen selbst. Der ganze Geburtsmechanismus kann zu den Mustereinrichtungen des menschlichen Organismus wahrhaftig nicht gezählt werden. Der Vorgang ist höchst unpraktisch eingerichtet, was schon die zahllosen Störungen beweisen, denen er ausgesetzt ist und denen auch in der Natur unzählige Tiere erliegen, abgesehen davon dass gewiss viele im hilflosen Zustande während der Gebärarbeit ihren Feinden verfallen.

Dass der Krankheitsschmerz mit Recht bei unserer Untersuchung nur in zweiter Linie berücksichtigt wurde, da er als zufällige Nebenerscheinung nichts erklärt, wird jetzt hoffentlich jeder Leser zugeben. Von einigen Besonderheiten der Schmerzfunktion bei Krankheiten der Schmerzorgane des Nervensystems selbst wird noch im nächsten Abschnitt die Rede sein.

Zu der Frage, ob Schmerz ohne wirkliche Reizung von Nerven entstehen kann, verweise ich auf das über die Suggestion des Schmerzes gesagte. Es gibt Krankheitszustände, die sich als eine Erhöhung der Aufnahmefähigkeit für Suggestionen charakterisieren, bei denen die Suggestionen dann vielfach in dem Kranken selbst entstehen. Dass in solchem Zustande gelegentlich auch Schmerz durch Suggestion entstehen kann, ist zu erwarten und tatsächlich ein sehr gewöhnliches Vorkommnis bei Nervenkranken, das wir der Vollständigkeit halber erwähnen müssen.

Die Organe des Schmerzes.

Empfindung, Gefühl und Vorstellung setzen zwar das Bewusstseinsleben zusammen, sie sind aber auf der anderen Seite nervöse Funktionen. Sie sind nicht nur an die normale Funktionsfähigkeit des Nervensystems gebunden, sondern sie sind wirkliche Resultate dieser Funktion, man könnte sagen, sie sind die Schöpfung der nervösen Arbeit. Dass also der Schmerz, obgleich wir ihn zunächst nur als Bewusstseinsvorgang hingestellt haben, seine Organe haben muss, bedarf keiner Begründung. Für das fühlende Bewusstsein selbst ist freilich der Vorgang nur Bewusstseinserscheinung, die Gehirnvorgänge sind ja als solche dem Bewusstsein unmittelbar gar nicht zugänglich. In dieser Beziehung verhält sich aber das Gefühl nicht anders als die Empfindung. In

meinem Bewusstsein ist die Empfindung des Papiers, der Feder und
Tinte. Jeder gibt zu, dass diese Empfindungen die Funktion des nervösen Apparates vom Auge durch das Gehirn bis zu den Bewegungsnerven
zur Grundlage haben. Aber unser Bewusstsein weiss nichts von Nerven
und Muskeln, nichts von Auge und Gehirn, ihm ist nur die Empfindung
gegeben. Empfindung und Gefühl sind organische Schöpfungen, geschaffen mit der Organisation unseres Gehirns.

Da die nervöse Funktion dem Bewusstsein nur indirekt zugänglich
ist, so können die Zusammenhänge auch nur auf Umwegen kennen
gelernt werden. Man kennt die Funktion der nervösen Organe vorwiegend aus ihren Störungen bei Krankheitsprozessen oder aus künstlichen
Schädigungen im Tierversuch. Auf welche Schwierigkeiten man aber
im Tierversuch beim Studium des Schmerzes gefasst sein muss, ist naheliegend. Wir schliessen beim Tier auf den Schmerz nur aus seinen
Äusserungen und diese sind mitunter nichts weniger als unzweideutig.
Besonders das Fehlen des Schmerzes zu behaupten, ist mitunter sehr
gewagt.

Über die ersten Organe des Schmerzes wurde gesprochen. Es
sind die Nervenfasern, die von den Sinnesorganen herkommen, die der
Empfindung mechanischer Einwirkungen dienen. Ob die Sinnesorgane
selbst imstande sind so starke Erregungen herzugeben, dass Schmerz
erzeugt wird, kann bezweifelt werden. Jedenfalls steht fest, dass ein
Sinnesorgan für die Entstehung des Schmerzes nicht nötig ist, der Nerv
vielmehr an jeder Stelle seines Verlaufs vom Ursprung bis zum Rückenmark durch die verschiedensten Einwirkungen in schmerzerzeugender
Stärke gereizt werden kann.

Wir wissen auch schon, dass nicht jeder beliebige Nerv die
Schmerzfunktion auslöst, wenn er gereizt wird. Es sind vielmehr nur die
dem mechanischen Sinn dienenden Fasern, die diese Funktion mitleisten.
Wenn man den Sehnerv reizt, so entsteht kein Schmerz, sondern eine
blitzartige Lichtempfindung. Dabei ist kaum zu bezweifeln, dass in den
verschiedenen Nerven bei der Reizung ein durchweg gleichartiger
Vorgang abläuft. Wir haben keinerlei Anhaltspunkte dafür, dass etwa
der eine Nerv an sich etwas anderes leistet als der andere. Die Erregungen der Nerven können sich nur unterscheiden nach Stärke,
Abtönung, Rhythmus und Zusammenstellung, nicht aber qualitativ. Die
Verschiedenheit der Funktionen, die die Nerven leisten, ist nur abhängig
von ihren Verbindungen an Ursprung und Ende. Der Bewegungsnerv
endet im Muskel und bringt durch seine Funktion den Muskel zur
Zusammenziehung, der Sehnerv enspringt im Auge und endet in den
Sehorganen des Gehirns, deswegen vermittelt er das Sehen. Dem entsprechend wird die Fähigkeit bestimmter Nerven, Schmerz zu vermitteln,
nicht abhängen von einer besonderen Eigenschaft des Nerven selbst,

sondern von ihrer Endigungsweise im Zentralnervensystem. Hier werden besondere Einrichtungen zu suchen sein, an die die Nerven ihre schmerzerzeugenden starken Erregungen abgeben und selbstverständlich sind nicht alle Nerven mit diesen Organen verbunden.

Da taucht nun das Problem auf, das die Literatur über die nervösen Einrichtungen zur Schmerzfunktion schon lange beschäftigt. Wie können dieselben Nervenfasern gleichzeitig die mechanischen Empfindungen und die Schmerzfunktionen vermitteln? Wie findet die Sonderung der schmerzerzeugenden Erregungen von den im Sinnesorgan empfangenen Erregungen statt, die die einfachen Empfindungen vermitteln? Weil man diese Frage nicht beantworten konnte, kam man zu der Annahme von besonderen Schmerzsinnesorganen und besonderen Schmerznerven, die ganz bestimmt nicht existieren. Vielmehr ist auf Grund unserer heutigen Kenntnisse vom Bau des Nervensystems das Problem vollkommen zu lösen. Auch ist die im folgenden zu gebende Lösung schon hier und da aufgetaucht, aber sie wird meist als eine Vermutung hingestellt, deren Ertrag für die Klärung schwebender Fragen nicht hoch angeschlagen wird. In Wirklichkeit findet aber, wie wir sehen werden, eine Anzahl Erfahrungen der Physiologie und Pathologie, die heute als vollständig unerklärlich gelten, ihre unzweideutige Erklärung durch den Aufbau der schmerzvermittelnden Einrichtung der Nerven, zu deren Beschreibung wir nun übergehen.

Eine Sonderung von schmerzleitenden Fasern und dem mechanischen Sinn dienenden ist im Nervenstamm selbst bis zu seinem Eintritt ins Rückenmark nicht vorhanden. Wenn der Nerv an irgend einer Stelle seines Verlaufes, z. B. von der Zehe bis zum Rückenmark, unterbrochen wird, so hört für den Bezirk des Nerven jede Empfindung zusammen mit dem Schmerz auf. Wird der Nerv stark gereizt, so entsteht ein Schmerz, der in die Zehe verlegt wird, der sich also mit der Scheinempfindung einer Zehenberührung verbindet. Das beweist aber nicht, dass der Schmerz lokalisiert wird, es würde vollständig genügen, wenn der Empfindung allein diese besondere Eigenschaft zukäme.

Ganz anders verhält sich nun der Nerv, sowie er ins Rückenmark selbst eingetreten ist und die auffallenden Erscheinungen an der Schmerzfunktion, die durch Schädigungen des Rückenmarks bedingt werden, haben zuerst die Forscher zur Untersuchung der Schmerzorgane aufgefordert. Hier tritt nämlich eine Trennung der Schmerzfunktion von den Empfindungen ein. Wir kennen Rückenmarksveränderungen, bei denen ganz bestimmte Anteile der mechanischen Empfindungen zerstört werden können, ohne dass die Schmerzfunktion leidet, wir kennen vor allem aber Zerstörungen, die den Schmerz aufheben, ohne die Tast- und Raumwahrnehmung zu stören. Es muss also bei dem Eintritt ins Rückenmark die Trennung der beiden Funktionen erfolgen.

5*

Nun ist uns aus den mikroskopischen Untersuchungen die Tatsache bekannt, dass die Nervenfasern bei ihrem Eintritt ins Rückenmark ein ganz bestimmtes Verhalten zeigen, das uns den Schlüssel für das Rätsel geben soll. Die Fasern wenden sich nämlich im Rückenmark zwar aufwärts, um dem Gehirn zuzustreben, geben aber, indem sie dies tun, einen oder mehrere ganz feine Seitenästchen ab, die sich nicht dem Hauptanteil der Fasern anschliessen, sondern nach der Mitte des Rückenmarks und zwar in nur ganz schwach aufsteigender Richtung streben, während die Hauptanteile der Nervenfasern in einem starken Bündel geradewegs aufwärts ziehen. Im mittleren Teil des Rückenmarks finden die Seitenästchen sehr bald ihr Ende, das heisst sie verbinden sich in einer hier nicht weiter zu erörternden, übrigens auch strittigen Art und Weise mit Nervenzellen und diese senden wiederum neue Fasern aus, die ihrerseits auf Wegen, die schwer zu verfolgen sind und deren Erforschung zum Teil noch aussteht, dem Gehirn zustreben.

Diese Teilung der Nervenfasern in einen starken Hauptstamm und einen ganz feinen Seitenast ist die höchst einfache Einrichtung, die es ermöglicht, dass dieselben Nerven der Vermittelung von mechanischen Sinneseindrücken und von Schmerzreizen dienen. Einige wenige Bemerkungen über die Funktionsweise des Nervensystems werden das Verständnis dafür geben, wie diese Einrichtung den genannten Zweck erfüllen kann.

Wenn der Erregungszustand an der Teilungsstelle der Nervenfaser anlangt, so wird er sich, müssen wir annehmen, auf beide Äste verteilen. Da aber der Seitenast ganz bedeutend dünner ist als der Hauptast, so wird selbstverständlich der Widerstand in dem dünneren viel grösser und die Aufnahmefähigkeit für den Erregungszustand entsprechend geringer sein, und es wäre denkbar, dass schon aus diesem Grunde allein der Nebenast bei ganz schwachen Reizen erregungsfrei bleibt. Wenn wir aber auch annehmen, dass die geringsten Erregungen sich immer noch beiden Ästen mitzuteilen vermögen, nur selbstverständlich dem schwächeren Ast in geringerer Gesamtstärke, dann wird trotzdem ein ganz verschiedenes Verhalten bei starken und schwachen Erregungen aus den weiteren Verhältnissen der nervösen Funktion sich ergeben.

Das Nervensystem besteht nämlich aus einer Unzahl von Nervenelementen. Wie sich der ganze Körper aus Zellen aufbaut, so ist auch jedes nervöse Element eine Zelle, ein kleiner Elementarorganismus. An solche Zellen geben die ins Rückenmark einstrahlenden Nervenfasern, die wir bisher allein betrachtet haben, ihre Erregungen ab. Die Zelle gibt dann einer neuen Faser den Ursprung, sie sendet sie aus ihrem Leib als seinen Fortsatz aus. Die Fasern bilden ausserhalb des Rückenmarks und Gehirns die Nerven, indem sie sich bündelweise aneinanderlegen, und ebenso im Zentralorgan ganze Stränge, die die verschiedenen

Teile des Gehirns mit einander in Verbindung setzen. Die Fasern enden nämlich sämtlich wieder an anderen Nervenzellen und so fort bis zu den aus dem Rückenmark nach den Muskeln ausstrahlenden Fasern, die die Erregungen hinaustragen und die Bewegungen, die Äusserungen des Nervenlebens vermitteln. Die Nervenelemente sind also in Ketten angeordnet.

Nun ist die Übertragung des Erregungszustandes von der Faserendigung auf das nächste Element kein einfacher Leitungsvorgang, als den wir die Fortpflanzung der Erregung im Nerven angenommen haben. Vielmehr ist an dieser Stelle zweifellos ein besonderer Widerstand zu überwinden und die Möglichkeit der Reizübertragung von Element zu Element ist abhängig einmal von der Stärke der im Nerven ankommenden Erregung, dann aber auch von der Aufnahmefähigkeit der Zelle, die die Erregung empfangen soll. Die Erregung wird nicht einfach von Element zu Element übertragen, sondern die Erregung des einen wirkt auf das zweite als Reiz ein, und damit das zweite in Erregung geraten kann, muss in ihm eine gewisse Spannung vorhanden sein.

Nehmen wir vorläufig an, dass dieser Spannungszustand für alle Elemente und zu jeder Zeit der gleiche ist, so wird die geteilte Nervenfaser doch an ihren beiden Endigungen ganz verschieden wirken. Selbstverständlich trifft jeder Ast einer Faser auf eine andere Zelle. Gerade darauf beruht die Mannigfaltigkeit der nervösen Funktionen, dass jede Faser viele Teiläste hat, die den Erregungszustand verteilen können und dadurch mannigfache Wirkungen desselben Reizes vermitteln. Die Einrichtung der Teilung ist nicht etwas besonderes für die Schmerzvermittelung geschaffenes, vielmehr ein ganz allgemeines Bauprinzip der nervösen Organe. Die Ketten von Nervenelementen sind nicht einfach, sondern gabeln sich vielfach.

Bei geringeren Reizen kann nun in dem Hauptast unserer Nervenfaser die Erregung schon längst ausreichen, um auf das nächste Element übertragen zu werden und damit weitere direkt oder indirekt der Empfindung mechanischer Eindrücke dienende Elemente zur Funktion zu bringen, während der feine Nebenast eine geringfügige Erregung erhält, die an seiner Endigung nicht als Reiz für das Aufnahmeelement ausreicht. Hier springt die Erregung erst über, wenn der Reiz ganz bedeutend wächst. Aber das Überspringen wird in einem ganz bestimmten Augenblick geschehen. Bei einer ganz bestimmten Höhe des Reizes wird die Teilerregung, die der Seitenast bekommt, gerade ausreichen, um als Reiz für das nächste Element zu dienen.

Hiermit stimmt es überein, dass der Schmerz stets plötzlich einsetzt. Man kann einen Reiz noch so vorsichtig langsam verstärken, schmerzhaft wird er ganz plötzlich. Man kann sehr lange frieren, der stechende Frostschmerz kommt in einem ganz bestimmten Augenblicke zur Frostempfindung hinzu. Der Reiz hat in diesem Augenblicke die Höhe erreicht, um den schmerzvermittelnden Seitenast so zu erregen, dass er auf das nächste Element weiter wirken kann.

Nun ist es ganz klar, dass das Verhältnis der Reizstärke, die genügt, um im Hauptaste die Erregungsübertragung zu veranlassen und um dasselbe im Nebenaste zu erzielen, von zwei Grössen abhängen wird. Einmal vom Stärkeverhältnis der beiden Äste zu einander, dann aber vom Spannungszustand der nervösen Elemente, die auf der einen Seite die Empfindung, auf der anderen das Schmerzgefühl vermitteln, selbstverständlich erst auf vielen Umwegen, also durch Übertragung der Erregung auf weitere Elemente oder auf ganze Ketten von solchen mit zahlreichen Seitenketten.

Der Spannungszustand der Zellen wechselt wahrscheinlich, das kann die verschiedene Empfindlichkeit verschiedener Personen und derselben Person zu verschiedenen Zeiten erklären. Aber er wird im Durchschnitt in den Elementen, die den verschiedenen Funktionen dienen, auch nicht gleich sein. Wenn in den Zellen, die die Schmerzfunktion vermitteln, indem sie die Erregungen, die die Seitenäste bringen, zuerst aufnehmen, der Spannungszustand ein geringerer ist als in den die Empfindungen vermittelnden Elementen, so wird eine noch höhere Erregung des Seitenastes dazu gehören, um weiter zu wirken, als beim Hauptast genügt, und das würde die Schmerzschwelle noch weiter erhöhen.

Dass unter diesen Umständen die Schmerzschwelle im Vergleich zur Empfindungsschwelle sehr verschieden hoch liegen kann, ist einleuchtend. Sind die beiden Äste der Nervenfaser gleich stark und der Spannungszustand der nächsten Elemente gleich, so würden Schmerz- und Empfindungsschwelle zusammenfallen können. Vielleicht ist annähernd dieses Verhältnis bei einigen Eingeweidenerven vorhanden. Ist dagegen der Seitenast sehr fein und der Spannungszustand in dem Element, auf das er die Erregung zu übertragen hat, sehr viel geringer als in den Elementen, zu denen der Hauptast zieht, so steigt die Schmerzschwelle und es ist leicht denkbar, dass sie bis zur tausendfachen Höhe der Empfindungsschwelle ansteigen kann. Dass übrigens die Empfindung ebenfalls eine Schwelle haben muss, wird aus den Verhältnissen der nervösen Erregungsübertragung ohne weiteres verständlich, während der Metaphysiker darin ein Rätsel findet. Erst bei einer ganz bestimmten Stärke kann die Erregung im Zentralnervensystem fortwirken, bleibt sie darunter, so findet keine Übertragung auf die weiteren Elemente der Kette statt und es geschieht gar nichts.

Wir verstehen nun auch, wie Schmerz durch Summation unterschwelliger Reize zustande kommen kann. Dass mehrere Erregungswellen, die so schnell aufeinander folgen, dass sie sich noch gegenseitig verstärken können, indem die erste Erregung noch nicht abgeklungen ist, wenn die zweite anlangt, den Widerstand bei einem bestimmten Reizrhythmus werden überwinden können, ist zu erwarten. Auch hier entsteht der Schmerz in einem ganz bestimmten Augenblicke, die Erregung wird in einem Momente stark genug, um weiterzuwirken.

Es bedarf kaum der Erwähnung, dass nicht alle Nervenfasern, die ins Zentralorgan einstrahlen, mit solchen schmerzvermittelnden Seitenästen versehen sind und dass daraus die besondere Beauftragung der dem mechanischen Sinn dienenden Nerven mit der Auslösung des Schmerzes sich erklärt. Wenn wir annehmen, dass die der Temperaturempfindung dienenden Fasern einen solchen Nebenanschluss nicht haben, so ist die Tatsache erklärt, dass die Temperaturnerven nicht Schmerz vermitteln. Wenn Temperaturreize schmerzhaft sind, so entsteht die Erregung in den Nerven des mechanischen Sinnes durch die Hitze- oder Frostschädigung. Es ist deswegen gar kein Grund vorhanden, die Beobachtung, dass die Temperaturnerven schmerzunempfänglich sind, so wunderbar zu finden, dass man gar ihre Richtigkeit bezweifelt, was tatsächlich geschehen ist.

Übrigens geben wohl alle Fasern im Gehirn und Rückenmark irgend welche Seitenäste ab, aber sie können Anschluss an ganz andere Mechanismen suchen als gerade an die für die Bildung des Schmerzes bestimmten Elemente. Deswegen können starke Erregungen in den Sinnen, die nicht schmerzempfänglich sind, ganz allgemein andere Wirkungen haben als schwächere Reize und auch das Gefühl, nicht nur die Empfindung beeinflussen. Die Entstehung des Ekelgefühls, des Blendungsgefühls und anderer von der Intensität der Reize abhängiger Gefühle wäre damit leicht zu erklären.

Eine gute Arbeitshypothese muss aber alles erklären, was über die Funktion bekannt ist. Wir haben bisher die Tatsache, dass der Schmerz stets plötzlich einsetzt, die Verhältnisse der Schwelle erklärt und wir können verstehen, wie der Schmerz ausfallen kann, ohne dass Störungen der Empfindung eintreten. Unsere Hypothese leistet aber viel mehr. Sie erklärt auch gewisse bisher völlig rätselhafte Veränderungen der Schmerzfunktion.

Seit den Anfängen der experimentellen Untersuchungen über die Funktionen des Rückenmarks ist es den Forschern aufgefallen, dass man bei Operationen am Rückenmark statt der erwarteten gänzlichen Funktionsausfälle am Schmerz oft das Gegenteil beobachten konnte, nämlich eine Erhöhung der Schmerzempfänglichkeit, eine Herabsetzung der Schmerzschwelle. Als man später anfing, das Rückenmark nicht mehr als ganzes anzusehen, sondern in ihm einzelne Organe auszusondern und Zerstörungen und Durchschneidungen einzelner Teile vornahm, stiess man immer häufiger auf den ganz unerklärlich scheinenden Befund von

bedeutenden Erhöhungen der Schmerzempfänglichkeit. Jetzt kennt man
auch am Menschen Krankheitsfälle mit Steigerung der Schmerzfunktion.
Wenn man an einem Säugetiere das Rückenmark so umschneidet,
dass der mittlere Teil erhalten bleibt und eine Brücke zwischen dem
getrennten oberen und unteren Teil herstellt, so tritt regelmäfsig in dem
gesamten Gebiet des Körpers, dessen Nerven unterhalb der gewählten
Operationsstelle ins Rückenmark einstrahlen, eine Erhöhung der Schmerzempfänglichkeit ein. Besonders dicht unterhalb der Operationsstelle ist
der Körper in seinem ganzen Umfange ausserordentlich empfindlich.
Geringfügiges Kneifen lässt das Tier alle Äusserungen heftigen Schmerzes
von sich geben.

Beim Menschen kommt ein Krankheitsprozess, der zufällig eine
ähnliche Zerstörung bedingen würde, nicht vor. Dagegen wird gelegentlich bei Verletzungen eine Hälfte des Rückenmarks durchschnitten und
die andere bleibt unverletzt. Dann stellt sich in dem Gebiet des Körpers,
dessen Nerven unterhalb der verletzten Stelle ins Rückenmark münden,
eine deutliche, oft sogar bedeutende Herabsetzung der Schmerzschwelle
ein, natürlich nur auf der geschädigten Seite.

Bei diesen Verletzungen des Rückenmarks passiert aber unseren
Nervenfasern, die der Vermittelung der mechanischen Empfindungen und
des Schmerzes dienen, das folgende: Der Hauptast wird in seinem Verlauf, bevor er seine Endigung an der nächsten Zelle erreicht, durch-
geschnitten. Denn der Hauptanteil der Nervenfasern findet erst am
oberen Ende des Rückenmarks oder in verschiedenen Gehirnteilen sein
Ende. Umschneidet man das Rückenmark, so werden die Stränge, die
nach dem Gehirn streben, durchschnitten. Dagegen bleibt sowohl hierbei, wie bei der Durchschneidung einer Hälfte des Rückenmarks der
feine Seitenast, der die Schmerzfunktion vermittelt, erhalten. Dieser
geht wahrscheinlich sofort auf die andere Seite hinüber und findet in
dem mittleren Rückenmarkanteil der anderen Seite bald sein Ende, indem
er mit den Einrichtungen versehen ist, um die Erregung auf ein weiteres
Nervenelement zu übertragen.

Dieser verschiedene Verlauf erklärt nun aber nicht nur die Möglichkeit, dass die Schmerzfunktion erhalten bleibt bei erloschener
Empfindung, sondern es ist gar nichts anderes zu erwarten, als dass bei
den geschilderten Verletzungen eine Herabsetzung der Schmerzschwelle
eintreten wird. Die ins Rückenmark einstrahlende Erregung findet in
dem Hauptast jetzt keine Möglichkeit weiter zu wirken, dieser ist ja
durchschnitten. Selbstverständlich wird sich der Erregungszustand nun-
mehr in den offenen Seitenast wenden und bei viel geringeren Reizen
als unter normalen Verhältnissen wird hier die Erregung so weit ansteigen können, dass ihr Übergang auf die weiteren Elemente, die der
Schmerzfunktion dienen, möglich ist. Damit aber ist eine bedeutende

Herabsetzung der Schmerzschwelle gegeben. Der Einwand, dass wir ja nicht wissen, was in dem durchschnittenen Ast mit dem Erregungs- vorgang geschieht, kann dagegen nicht geltend gemacht werden, denn wir wissen, dass ein solcher durchschnittener Ast schnell verödet, die unterbrochenen Fasern zerfallen und hören also überhaupt auf zu funktionieren. Sie werden also den Erregungszustand überhaupt nicht aufnehmen und er wird sich in die Seitenäste ergiessen müssen, und die Funktionsveränderung wird dauernd erhalten bleiben. Das ist in der Tat der Fall. Einige weitere Besonderheiten der Schmerzfunktion, die bei der Durchschneidung einer Hälfte des Rückenmarks sich aus den Kreuzungsverhältnissen der Fasern ergeben, werden durch unsere Über- legung ebenfalls erklärt. Es würde aber zu weit führen, dies hier zu erörtern und den Laien wenig interessieren, der Fachmann aber wird sich die weiteren Folgerungen selbst ableiten können.

Der mittlere Teil des Rückenmarks, in den die schmerzvermittelnden Fasern einstrahlen, enthält sehr viele Nervenzellen, die die Erregungen aufzunehmen geeignet sind, um sie durch die Nervenfaser, der sie selbst wieder den Ursprung geben, weiter dem Gehirn zu übermitteln. Es gibt einen Krankheitsprozess im Rückenmark, der diesen inneren Teil viel früher und ausgiebiger zerstört als die widerstandsfähigeren Stränge, die rings herum um diese weichere, zellreiche Masse gelagert sind. Bei dieser Erkrankung wird die Schmerzfunktion aufgehoben, während die Empfindung für Tasteindrücke und ihre Lokalisation, also der Raumsinn der Haut, erhalten bleiben. Entweder die Zellen, die die Erregungen von den Seitenästchen aufnehmen oder diese selbst fallen der Krankheit zum Opfer, während die Hauptäste unversehrt bleiben. Der Ausfall des geringen Seitenastes kann selbstverständlich die Funktion des Haupt- astes nicht beeinflussen

Die weitere Übertragung der schmerzvermittelnden Erregungen im Rückenmark und weiterhin im Gehirn ist nun leider noch in völliges Dunkel gehüllt. Es ist aber zum mindesten sehr wahrscheinlich, dass nicht etwa jede im Rückenmark endende Faser ihr besonderes Element vorfindet, das die Erregung nur einer Faser übernähme, um sie durch ihre eigene Faser dem Gehirn zuzusenden, so dass etwa ein starkes Faserbündel für die Schmerzleitung im Rückenmark entstände, wie es der Hauptanteil der dem mechanischen Sinne dienenden Nervenfasern bildet. Vielmehr müssen im Rückenmark für den Schmerz ganz andere Übertragungsverhältnisse vorhanden sein. Wird nämlich eine Hälfte des Rückenmarks durchschnitten und einige Centimeter höher die andere Hälfte, oder wird das Rückenmark in grosser Ausdehnung umschnitten, so dass nur der mittlere zellreiche Teil übrig bleibt, so kann bei alledem in der unteren Körperhälfte die Schmerzfunktion erhalten bleiben und wird auch hierbei in dem Ring unterhalb der Durchschneidung erhöht.

74 Die Physiologie des Schmerzes.

Daraus folgt, dass sich die Erregung, die die Schmerzfunktion vermittelt, innerhalb des mittleren Rückenmarksanteils fortpflanzen kann,
wo keine grösseren Faserstränge vorhanden sind. Auch genügt dazu
nach vielfältigen Experimenten ein ganz dünner Überrest der mittleren
Rückenmarksubstanz, während die Funktion der Stränge sofort aufgehoben ist, wenn sie an irgend einer Stelle ihres Verlaufs unterbrochen
werden. Dieser Gegensatz ist meines Erachtens damit zu erklären, dass
nicht etwa jede Schmerzfaser ein eigenes Nervenelement trifft, sondern
dass hier eine kompliziertere Übertragung stattfindet, indem die Elemente
hier mehr zusammengeschaltet sind, also mehrere Fasern ihre Erregung
an ein und dieselbe Zelle abgeben, jedenfalls aber schliesslich viel
weniger Elemente die Erregungen aufnehmen, als Fasern sie ins Rückenmark bringen. Eine Anordnung, die geeignet wäre, die Erregungen
schliesslich auf einige wenige Elemente zu vereinigen, die sie dann auf
uns leider unbekannten Wegen dem Gehirn zusenden, wäre leicht
denkbar.

Die Einrichtung, die anscheinend für die Empfindungsfasern gegeben ist, dass jede Faser ihre gesonderte Bahn bis zum Gehirn findet,
dient selbstverständlich der Lokalisation der Empfindung. Der nicht
mit Empfindung verbundene Schmerz ist aber möglicherweise nicht
lokalisiert und braucht deswegen diese Einrichtung nicht. Es können
deswegen wenige Elemente ausreichen, um die Schmerzfunktion für den
ganzen Körper zu übernehmen und selbstverständlich ist der Weg, den
diese wenigen Elemente schliesslich ins Gehirn nehmen, sehr schwer zu
verfolgen.

Wir kennen deswegen weder den Weg noch das Ende der Schmerzleitung, wir können nicht einmal vermuten, in welchem Teile des Gehirns
die Schmerzfunktion stattfindet. Nur selten sind Krankheitsfälle beobachtet worden, in denen eine Schädigung einer Gehirngegend, in
welcher die Bahnen aus fast allen Sinnen des Körpers zufällig sehr
nahe aneinander liegen, unter sehr heftigen Schmerzen verlaufen ist, so
dass man vermuten konnte, dass hier schmerzvermittelnde Bahnen gereizt
worden seien. Schmerzausfälle bei Gehirnerkrankungen sind entweder
sehr schwer festzustellen, weil die Kranken benommen sind, oder sie
sind vorübergehender Natur. Deswegen fehlen uns vorläufig alle Anhaltspunkte, um zu entscheiden, welche Verbindungen schliesslich die
schmerzvermittelnden Bahnen eingehen müssen, um die Funktion des
Schmerzes zu erzeugen. Irgendwo im Gehirn müssen die Bahnen in
einem Mechanismus enden, der sich durch eine ungeheuer hohe Spannung
seiner Elemente auszeichnet. Denn die geringfügige Erregung der
schmerzvermittelnden feinen Seitenäste löst schliesslich Wirkungen aus,
die an Stärke mit der Veranlassung gar nicht zu vergleichen sind.
Leider kennen wir nur die Anfänge des nervösen Mechanismus für die

Schmerzfunktion, der eigentliche Sitz des Apparats bleibt in Dunkel gehüllt. Wir können aber hoffen, dass die jetzt so eifrig betriebene Erforschung der Leitungsbahnen des Zentralnervensystems auch diese Lücke unseres Wissens bald ausfüllen wird.

Die Entwickelung des Schmerzes.

Wir haben gefunden, dass die Schmerzfunktion an ganz bestimmte Einrichtungen des Nervensystems gebunden ist. Wir werden deswegen annehmen müssen, dass der Schmerz nicht mit den ersten Organismen in die Welt gekommen ist, sondern sich entwickelt haben muss wie alle Funktionen und alle Organe des Körpers. Ich will nicht behaupten, dass der Schmerz überhaupt nur dort vorhanden sein wird, wo die beschriebenen Einrichtungen zu seiner Vermittelung ausgebildet sind. Es könnte dasselbe funktionelle Resultat an anderen Geschöpfen auf einem anderen Wege erreicht sein. Aber jedenfalls ist der Schmerz an ein ausgebildetes Nervensystem gebunden.

Sicherlich wird gegen diese Aufstellung ein ganz bestimmtes Vorurteil den philosophisch verbildeten Leser zum Widerspruch reizen. Es ist nämlich leider eines der Grundaxiome fast aller sogenannten Philosophen, auch der lebenden, dass eine Entwickelung gar nicht anders zu denken sei, als dass das zu entwickelnde in dem, woraus es sich entwickelt, irgend wie schon enthalten sein muss. Für diesen Satz gibt es keinerlei Beweis, er ist weiter nichts als eine der berühmten Denknotwendigkeiten, das heisst eine Denkgewohnheit, oft sogar eine Denkfaulheit. Er hängt eng zusammen mit einem zweiten, nicht minder schädlichen Axiom, wonach die Eigenschaften eines Dinges in seinen Bestandteilen irgend wie enthalten sein müssen. Beide Sätze sind nicht wahr. Sonst wäre das Atom der verwickeltste Körper und eine Amöbe der vollkommenste Organismus. Überall in der toten wie in der lebenden Welt bildet das Einfache durch Zusammenwirken mit anderen Einfachen das Verwickelte und Mannigfaltige und überall in der Welt zeigen sich beim Zusammentritt mehrerer Einfacher neue Eigenschaften, die lediglich aus den Beziehungen der Einfachen zu einander stammen, von denen nicht die geringste Andeutung oder Anlage in dem Einfachen selbst enthalten ist. So können auch einige Millionen von Milliarden Zellen, die den menschlichen Körper zusammensetzen, wenn sie auch alle von der einen Eizelle abstammen, alle zusammen unzählbare Eigenschaften haben, von denen gar nichts in der Eizelle enthalten ist.

Ich muss dieses Verhältnis deswegen so sehr betonen, weil Philosophen und selbst Psychologen, die von der Physiologie keine anschaulichen Kenntnisse besitzen, geneigt sind, den Nervenfasern oder Zellen irgend welche mystischen Eigenschaften zuzuschreiben, vermöge deren sie zu

den merkwürdigsten Funktionen befähigt sein sollen, die sie offenbar
nur durch ihr Zusammenwirken hervorzubringen vermögen. Ein Nervenelement braucht für sich allein nichts besonderes zu können und doch
kann das Zusammenwirken der drei Milliarden, die der Mensch davon
besitzt, die ganze Mannigfaltigkeit der nervösen Funktionen leisten.
Nur wer die Funktion zusammengesetzter Dinge in den einzelnen Elementen sucht, wird stets vor Rätseln stehen. In unserem Nervensystem
beruht alle Funktion in erster Linie auf der Übertragung der Erregungen
von Elementen zu Elementen. Indem die verschiedensten Umschaltungen
möglich sind, die besonders durch den verschiedenen und wechselnden
Spannungszustand der Elemente beeinflussbar sind, können die Erregungen je nach ihrer Stärke und Gruppierung die mannigfachsten
Wirkungen im Gehirn selbst und schliesslich nach aussen hin entfalten
je nach den Wegen, die sie einschlagen. Darauf aber beruht alles
Nervenleben, dass auf verschiedene Reize eine verschiedene Reaktion,
Antwort erfolgen kann und bei den höheren Formen auch auf dieselben
Reize die Antwort verschieden ausfallen kann je nach dem augenblick-
lichen Zustande des Organismus.

Zu diesem Zweck ist auch der Schmerz geschaffen. Er befähigt
den Organismus, auf einen starken Reiz anders zu antworten als auf
einen schwachen. Um das zu erreichen, müssen die Erregungen, die
durch starke Reize ausgelöst werden, einen anderen Weg einschlagen
als die schwachen. Wir haben gesehen, welche Einrichtungen im Rückenmark getroffen sind, um das zu erreichen. Da die starken Erregungen
ganz andere Wege einschlagen, wird durch sie eine andere Reaktion
ausgelöst als durch die schwache Empfindung. Das ist, physiologisch
betrachtet, der Zweck der ganzen Einrichtung. Weshalb und auf Grund
welcher Strukturen dieser Trieb ins Bewusstsein nur in Gestalt des
Gefühls gelangt, darüber wissen wir gar nichts.

Mithin wird der Schmerz in der Tierreihe keinesfalls dort schon
vorhanden sein, wo auf die Reize, ob sie nun schwächer oder stärker
sind, stets dieselben Antworten erfolgen. Freilich treffen wir schon auf
sehr niederen Stufen der Tierwelt auf die physiologische Differenzierung
starker und schwacher Reize. Selbst bei den Seeigeln sind in neuerer
Zeit solche funktionelle Unterscheidungen nachgewiesen worden.

So sicher aber der Schmerz zu den primitiveren, auf früherer
Stufe erworbenen Funktionen gehört, so wenig dürfen wir den Seeigeln
dieses Gefühl zutrauen. Auch im Bereiche der höheren Tiere und am
Menschen selbst finden sich vielfach verschiedene Reflexe, je nachdem
der Reiz schwach oder stark ist, ohne dass der starke mit einem Gefühl
verbunden wäre. Sonst wäre es ja auch kein Reflex mehr, denn ein
solcher wird überhaupt nicht von Bewusstseinsvorgängen begleitet, am
wenigsten von Gefühlen. Man kann ihn höchstens nachträglich wahr-

nehmen, die meisten werden aber nicht bemerkt, sie müssen vielmehr erst entdeckt werden durch wissenschaftliches Beobachten. So lange sich also die Reaktionen des Organismus ausschliesslich als Reflexe darstellen, ist noch nicht Grund genug zur Annahme eines begleitenden Gefühls, wenn die Reflexe auch je nach der Stärke des Reizes wechseln. Leider liegen nur unüberwindliche Schwierigkeiten in der Entscheidung, was Reflex ist und was von Gefühl begleitete Antwort auf den Reiz, also Trieb- oder Willensbewegung, und man kann auf Grund unseres heutigen Wissens tatsächlich vielen Geschöpfen den Schmerz nicht absprechen, aber auch ebensowenig beweisen, dass er vorhanden ist.

Man darf aber keinesfalls aus einer gewissen äusseren Ähnlichkeit der Reaktionen mit Schmerzäusserungen auf das Vorhandensein des Schmerzes schliessen. Dass der Regenwurm sich vor Schmerzen krümmt, ist ein geradezu kindischer Schluss. Er kann nämlich überhaupt nichts weiter als sich krümmen. Freilich ist ebensowenig zu beweisen, dass er keinen Schmerz hat. Ich sehe nur nicht ein, was er mit dem Schmerz anfangen sollte. Wir haben ja gesehen, welche Bedeutung das Gefühl für unser Bewusstseinsleben hat, wie es auf den Gang der Bewusstseinsarbeit Einfluss nimmt, wie die Stärke des Gefühls abhängig gedacht werden muss von der Stärke der mit ihm konkurrierenden anderen Gefühle. Der Regenwurm wird schwerlich viele Gefühle haben, mit denen der Schmerz konkurrieren müsste, ganz abgesehen von der Frage, ob bei ihm die Einrichtungen vorhanden sind, die diese Konkurrenz ermöglichen, also die Aufmerksamkeit.

Dabei bleibt noch die Frage offen, ob hier überhaupt ein Bewusstsein vorhanden ist. Eine seltsame Abart eines solchen müsste ein Wesen besitzen, das man in mehrere Teile zerlegen kann, die ganz gemütlich weiter leben. Wie passt es zur Lehre von der Einheit des Bewusstseins, von den Beziehungsgesetzen, auf denen alles Bewusstsein beruht, wenn man solchen Geschöpfen, die sich zerteilen lassen, das Bewusstsein zugesteht? Man kommt dann zur Annahme einer Art Bewusstsein, die teilbar ist wie ein Stück Butter.

Naheliegend wäre nun der Gedanke, zu verfolgen, wo die Teilung der dem mechanischen Sinn dienenden Fasern ausgebildet wird. Aber damit ist deswegen nicht weiter zu kommen, weil der schmerzvermittelnde Seitenast nicht der einzige ist, den die Fasern abgeben. Vielmehr werden wahrscheinlich eine Anzahl Reflexe ebenfalls durch solche Nebenschaltungen ausgelöst, jedenfalls geben beim Menschen und den höheren Wirbeltieren die ins Rückenmark einstrahlenden Fasern eine grössere Anzahl Seitenästchen ab. Dann aber könnte uns dieses Verfahren überhaupt nur für die Wirbeltiere, bei denen vergleichbare Nervensysteme vorhanden sind, Aufschluss erteilen, das Nervensystem der anderen Tierkreise baut sich ganz anders auf und hier könnte dieselbe Funktion auf ganz anderem Wege zustande kommen. Irgend welche Beweise für das Vorhandensein des Schmerzes oder irgend eines anderen Gefühls bei Nicht-Wirbeltieren liegen allerdings nicht vor und ihre Reaktionen sind ohne die Annahme von Gefühlen durchaus erklärlich, wenigstens ebensoweit wie mit dieser meines Erachtens sehr gewagten Annahme.

Die mitgeteilten Beobachtungen an operierten Tieren sind ausschliesslich an Säugetieren gemacht worden, meist an Kaninchen und Hunden. Am Frosch ist von einem Studium des Schmerzes noch nicht die Rede, wahrscheinlich weil er keinen rechten Schmerz hat. Er antwortet auf alles, was man mit ihm vornimmt, mit ganz bestimmten Reflexen, man hat nicht den geringsten Anhaltspunkt dafür, dass bei ihm Schmerz vorkommt. Bei den Reptilien sprechen schon manche Beobachtungen für das Vorhandensein der Schmerzfunktion. Sie beantworten schon die verschiedenen Reize so verschieden, dass hier die Gefühle schon in der Entwickelung begriffen sein werden. Keinesfalls kann aber der Schmerz hier schon die Stärke und Gewalt erreichen, die ihm beim Menschen eigen ist.

Die Entwickelung der Gefühle ist überhaupt gar nicht anders zu verstehen, als dass sie sich durch ihre gegenseitige Beeinflussung erst verstärken. Wer beobachtet hat, wie stumpf sich Kaninchen verhalten, wenn ihnen wirklich Schmerz zugefügt wird, der kann gar nicht daran zweifeln, dass hier das Gefühl nimmer die Stärke haben kann, die man ihm auch für die Tiere zuzuschreiben pflegt. Vor allem muss jedem Beobachter auffallen, dass der Schmerz bei diesen Tieren gar keine Dauer und keine Nachwirkung hat. Als ich einmal bei einer grösseren Anzahl Kaninchen Rückenmarksdurchschneidungen vorzunehmen hatte, war die Betäubung bei den ersten Operationen nicht genügend vertieft, um im Augenblick der Durchschneidung auszureichen. Die Tiere gaben starke Schmerzäusserungen von sich, so dass ich mich veranlasst sah, später so tief als möglich vor dem Schnitt durchs Rückenmark zu betäuben und mich lieber der Gefahr auszusetzen, etwas von dem Tiermaterial zu verlieren, als den Tieren den Schmerz zuzufügen. Wir Vivisektoren sind nämlich alle viel mitleidiger als ein Wettreiter oder ähnliche Tierquäler. Aber auffallen musste mir, dass die Tiere sich sofort wieder beruhigten und sofort frassen und in ihrer possierlichen Manier herumschnupperten.

Wir haben alle Veranlassung zu der Annahme, dass erst im Menschen mit seinem hochentwickelten Gefühlsleben auch die primitiveren Gefühle und unter ihnen der Schmerz sich zur vollen Höhe entwickelt haben, und dass deswegen der Mensch den zweifelhaften Vorzug geniesst, so vom Schmerz gepeinigt zu werden wie kein anderes Lebewesen.

Zusammenfassung.

I. Der Schmerz als Bewusstseinsvorgang ist ein Gefühl. In ihm wird, wie in jedem Gefühl, ein bestimmter Trieb, der Abwehrtrieb, bewusst. Als primitive Funktion ist das Schmerzgefühl aber auch mit der Empfindung fest verknüpft. — Der Schmerz ist deswegen ein so starkes Gefühl, weil der Schutz des Körpers seiner Obhut anvertraut ist, indem er die Aufmerksamkeit auf die Gefahr zu lenken hat. Das Gefühl richtet die Aufmerksamkeit.

Unser Gefühlsgedächtnis ist genau so beschaffen wie das für Empfindungen, es werden vornehmlich die Beziehungen der verschiedenen Bewusstseinsinhalte zu einander aufbewahrt.

II. Physiologisch betrachtet hat der Schmerz den Zweck, den Organismus auf starke Reize anders antworten zu lassen als auf schwache. Hierzu bedarf es einer Einrichtung, vermöge deren die Erregungen bei starken Reizen einen eigenen Weg im Zentralnervensystem einschlagen. Ein solcher Mechanismus ist vorhanden: Der Schmerz hat keine Sinnesorgane, er entsteht durch Reizung der Nervenfasern selbst, und zwar nur der dem mechanischen Sinn dienenden Fasern. Diese geben bei ihrem Eintritt ins Rückenmark einen feinen Seitenast ab, der die Schmerzvermittelung übernimmt. Dieses Verhalten erklärt die verschiedene Höhe der Schmerzschwelle, es erklärt die Möglichkeit des Schmerzausfalls bei erhaltener Empfindung und auch die Tatsache der Herabsetzung der Schmerzschwelle bei Rückenmarkverletzungen wird erklärt, indem in allen Fällen, wo sie beobachtet wird, der Hauptast der Nervenfaser durchschnitten wird, wodurch in dem schmerzvermittelnden Seitenast eine Verstärkung der Erregung eintreten muss.

Der Schmerz ist demnach eine an einen komplizierten nervösen Mechanismus gebundene Funktion und entwickelt sich dementsprechend erst spät in der Tierreihe.

Zeitfracht Medien GmbH
Ferdinand-Jühlke-Straße 7
99095 Erfurt, Deutschland
produktsicherheit@kolibri360.de